HUMAN

LE HUIT, LE TOUT ET LE NEANT: REFLEXIONS DE L'UNIVERSALITE, EQUILIBRE ET INTEMPORALITE

POÉSIE, PEINTURE & ESSAI

Titre: *Human* - le huit, le tout, et le néant: réflexions de l'universalité, équilibre et intemporalité / Fernando Messias & Amadeu Sousa.
Poésie, Peinture & Essai

Auteurs: Fernando Messias & Amadeu Sousa

ISBN: 978-93-88319-13-3

Première édition: 2020

Cyberwit.net
HIG 45 Kaushambi Kunj, Kalindipuram
Allahabad – 211011 (U.P.) Inde
W. http://www.cyberwit.net
E. info@cyberwit.net
T. + (91) 9415091004 + (91) (532) 2552257

Printed at Repro India Ltd.

Table des Matières

Introduction

Human

Le huit, le tout, et le néant: réflexions de l'universalité, équilibre et intemporalité

Le deuxième chapitre de ce livre porte sur le *Mot* en tant que symbole des mouvements de la pensée. La trilogie de « La Doctrine du Mot » est à l'origine de cette approche, à savoir le premier volume (« Construction ») de cet ensemble de livres publié en 2013. Le premier chapitre de ce premier volume consacré à la construction du *Mot* s'intitule « Des Huit Mouvements Métaphore d'Une des Origines de la Construction du Mot », et explore la construction du *Mot* en huit concepts perspectives comme « mouvements métaphore d'une des origines de la construction du mot ». Une approche philosophique et essayiste des croyances, connaissance et communication humaine qui débute dans le texte biblique de la Genesis. Comme je l'ai écrit dans la préface de l'auteur de ce premier volume sur la construction du *Mot*, la « forme essayiste et poétique extériorisée permet d'éveiller chez le lecteur l'envie d'en connaître plus sur la pensée de chaque thème et auteurs présents dans les trois volumes. Dans ces derniers, le lecteur a un premier contact avec les huit mouvements doctrinaux de la Construction du *Mot* (Humanité, Complexité, Curiosité, Conscience, Connaissance, Choix, Savoir et Silence), avec la construction doctrinaire du mot et du nombre, avec le concept doctrinal du *Mot* (construit), avec le mouvement de la pensé, avec la déconstruction doctrinale du *Mot* (Inhumanité, Simplicité, Désintérêt, Inconscience, Ignorance, Contrainte et Déraison) et le *Mot*. En effet, les huit mouvements doctrinaux dans la construction du *Mot* que j'ai cogité jusqu'à présent restent inchangés après six ans consacrés à ce travail littéraire. L'humanité, Complexité, Curiosité, Conscience, Connaissance, Choix, Savoir et Silence sont la construction du *Mot* sous la perspective que je lui ai donné dans ces textes et sa subjective intériorisation et compréhension ne sont accessibles qu'à la « déconstruction doctrinale du mot

(Inhumanité, Simplicité, Désintérêt, Inconscience, Ignorance, Contrainte et Déraison) » et avec le construit du *Mot* - mais dans ce livre, seuls les huit mouvements du *Mot* sont présents.

Dans ce livre, le *Mot* apparait dans le deuxième chapitre comme l'essence des mouvements de la pensée, cette essence est également appréhendée par l'image, en l'occurrence, par le biais des travaux visuels présentés dans les deux chapitres du livre.

Dans le premier chapitre, l'auteur Amadeu Sousa retrace un parcours subjectif sur les états de l'âme, le chapitre s'intitulé "Echos de l'Ame". Dans le deuxième chapitre, les états de l'âme sont alors abordés sous la perspective du mouvement, et c'est pourquoi il s'intitule de "Les Mouvements de la Pensée".

Cette conjugaison de perspectives et d'analyses sur certaines essences de la vie humaine fondamentales (d'un côté, les essences de l'âme et de l'émotion et d'un autre côté, les essences de cœur et de la pensée) a pour objectif de permettre au lecteur d'exercer sa liberté et sa créativité individuelle en même temps qu'il prend contact avec les perspectives et pensées des auteurs du livre. Les deux

chapitres sont image, couleur et mot. Les deux sont constitués de forme écrite et visuelle. Poésie et Peinture. Essai et Peinture.
Rien dans la vie est hasard. Le hasard survient parce que quelque chose de supérieur au hasard l'a déterminé. Si d'un côté, la poésie, la réflexion, l'essai et la pensée sédimentent la compréhension et éveillent la curiosité, d'un autre côté, la peinture et l'image provoquent l'émotion et le sentiment. Dans toutes ces formes d'expression et d'art, il y a l'âme et la pensée. L'émotion et le cœur. Et ce livre se penche sur cela : l'âme, la pensée, l'émotion et le cœur.

Préface

« Si vous écoutez non pas moi, mais la Raison,
il est sage de reconnaître que tout est un »
- Héraclite

J'ai été profondément honoré lorsque mon ami, Amadeu Sousa, m'a invité à écrire un chapitre de son livre. Après avoir lu et réfléchi sur le sujet, j'ai trouvé plus intéressant de réfléchir à la difficile tâche d'interpréter le monde au travers de la peinture et la poésie plutôt que d'essayer d'expliquer ce que cela signifie spécifiquement. Je crois que toute tentative sérieuse d'expliquer l'universalité, le néant et l'intemporalité à travers différents textes a un certain mérite, cela est enraciné dans la tradition philosophique classique. "Human", de Amadeu Sousa et Fernando Messias, cherche à présenter quelques pistes d'analyse sur ce que je qualifierai d'herméneutique. C'est-à-dire, l'interprétation de textes et, en particulier, sur ce que les auteurs conçoivent comme un problème herméneutique qui se porte sur le fait que le « sentir » est une question d'interprétation, de discours, de peinture et de poésie. Partant de cette idée, ils établissent un dialogue avec leurs travaux sur la tradition, ce qui implique la compréhension des mots et des concepts que l'être et son environnement impliquent aussi.

Par conséquent, les auteurs rappellent la contribution du lien entre différentes interprétations médiatiques pour la construction de références qui donnent un sens à la création de la connaissance et du monde. Cette vision particulière est à la fois une découverte et une dissimulation, de sorte qu'elle nécessite une interprétation et un sens qui va au-delà de ce qu'elle dit, un sens caché à la vision directe et qui est l'accès à l'universel, par l'interposition de l'image et de la métaphore. (Garagalza, 2006: 180).

Quand et où la conscience herméneutique découle-t-elle de la philosophie occidentale ? Nous ne savons vraiment pas; Cependant, nous pouvons proposer une origine hypothétique basée sur ce que nous savons. Depuis l'inquiétude de Héraclite jusqu'à aujourd'hui, il a fallu poser des questions sur la compréhension; pour lui, la correspondance qui reste entre le langage et l'être "n'est plus une identité immédiate, mais médiate, et même cachée, et il est admis que la réflexion sur le "logos" du langage dans son ensemble peut en montrer «logos » de la totalité dans l'évolution du cosmos" (Garagalza, 2006: 180).

Ces fait spirituels que l'homme a développé historiquement et pour lesquels l'usage courant du langage est connu sous le nom de sciences de l'homme, de l'histoire, de la culture et de la société; ils constituent la réalité que nous essayons de ne pas dominer, mais de comprendre. Fernando et Amadeu proposent une méthode qui s'interroge sur la valeur des différentes expressions à partir desquelles la pensée est utilisée pour résoudre leurs tâches. C'est une position historico-critique dans le corps de ces sciences, mais il convient de préciser qu'en considérant un discours dont le sujet est l'humanité elle-même et la nature de la connaissance, le problème herméneutique est ici implicite, sachant faire la distinction entre le vrai discours et le discours vide.

Ce texte traite du problème de compréhension, impliqué dans toutes les formes que prend la communication humaine, de ses multiples expressions dans le discours et dans les images, les gestes et les choses fabriquées que l'on trouve dans le domaine de la science de l'esprit (Geisteswissenschaften); qui est notre manière la plus appropriée de poser des questions sur la compréhension et l'interprétation: et la façon dont nous sommes sur notre propre terrain et immergés dans celui-ci, et dans la tradition, dans le mythe, toujours immergés dans notre propre histoire, que nous voulons comprendre; de sorte que la question acquiert une forme particulière.

Theagenes de Rhegium défend Homère contre les attaques rationalistes perpétrées après avoir présenté l' « Iliade » comme un comportement scandaleux des dieux, allant à l'encontre du canon éthique grec du comportement civique et quotidien, affirmant que Homère recourait à un énigmatique mode d'expression, en utilisant le langage poétique qui fait référence à des vérités profondes, cette littérature contient un sens caché, par référence allégorique. Un tel langage révèle et fait allusion à de profondes vérités cachées derrière un voile de métaphores, derrière un vêtement orné d'images plastiques. Ainsi, le mythe est considéré comme un langage crypté qui masque une connaissance profonde qui doit être interprétée et déchiffrée.

La pratique de l'interprétation allégorique des mythes consistait donc à trouver quelque chose de plus profond derrière le sens littéral.

Le sens choquant ou absurde du sens immédiat est juste une indication d'un sens allégorique que le lecteur, l'observateur ou l'auditeur devait déchiffrer. La nécessité d'une réflexion explicite sur l'explication, sur l'occurrence première du langage en tant qu'interprétation ou reproduction de la pensée, tient du fait qu'il n'y a rien de plus humain que l'expérience fascinante de l'incompréhensible.

Roland Barthes, dans son étude des mythologies modernes, montre l'existence d'une double structure significative dans le mythe, comme dans l'image poétique ou imagée, le plan littéral n'est qu'une figure métaphorique permettant de véhiculer un sens « caché » ou une connaissance, un deuxième plan de signification, qu'il appelle métalangage. C'est-à-dire que le mythe a une signification implicite différente de la signification explicite, présente dans son caractère littéral. Le mythe est abordé, sous forme de texte ou d'image, comme une structure significative qui demande à être interprétée.

L'herméneutique philosophique a montré que, inévitablement, lors de l'interprétation d'un discours ou de tout phénomène social ou naturel, chaque interprète projette ses catégories de pensée sur ce qui est interprété; ainsi, il n'existe pas et il ne peut y avoir de "point de vue objectif neutre et désintéressé". Heidegger considère ce préjugé comme le plus pernicieux pour la recherche, ainsi que l'encadrement du sujet-objet, soulignant la revendication d'un observateur libre de perspective. L'être humain est toujours un être situé dans un monde spécifique, guidé par un type de pensée particulier, propre à son horizon culturel, construit socialement et historiquement.

Gabriel Esquível

(Professeur agrégé, Faculté d'Architecture, Université du Texas A & M)

Pour mes enfants,

Daniel, Giordan, David et Sérgio.

Pour ma femme, Marianne.

Vous êtes mon petit morceau d'humanité... et une grande partie de moi ...

Amadeu Sousa

Chapitre un

Échos de l'âme

Ce premier chapitre est présenté et exploré par l'auteur Amadeu Sousa et traite des observations de la vie quotidienne, des moments apparemment prosaïques, mais qui sont plus intéressants, notamment dans la perception que nous sommes ici dans ce monde pendant un seul moment dans le temps, affirmant l'expression que « la vie est courte ».

Le Janus, le plus ancien des dieux romains, englobe les débuts et les fins, des portails pour ce qui nous attend, ainsi que pour ce que nous avons laissé derrière nous. Le dieu des deux visages; des deux visions, qui voit la dualité qu'est la vie et qui représente notre capacité unique de voir et de ne pas voir ce qui reste à venir. C'est le voyage de la vie.

La poésie me conduit donc dans un voyage et m'aide à voir plus clairement la relation avec le monde intérieur, le monde extérieur qui dépasse parfois notre vision. La poésie me transporte dans un lieu de ma propre conscience et, là-bas, elle me permet de voir clairement qui je suis et comment je suis. Mon expérience et ma vie, qui sont alors un simple reflet de toutes les vies du monde, un écho d’une voix presque imperceptible parmi les voix qui les unissent. Ma vie vient du monde entier et le monde entier est ma vie, mes expériences, mon âme et mon être. Pour moi, la poésie, comme la peinture, reflète mon émotion et ma vision du monde telles qu'elles sont absorbées et ressenties, et comment elles façonnent la psyché de qui je suis. Il n'y a pas de différence entre l'expression des mots et l'expression de la peinture; et de même que l'amour est le facteur sous-jacent commun de la condition humaine, l'expression est l'obsession indéniable que nous possédons tous et cette volonté de partager et de nous livrer à nous-mêmes. Ils résonnent pour nous, encore et encore… ce sont les échos de nos âmes.

Il n'y a pas de différence entre l'expression par le *Mot*, la peinture et toute autre forme d'expression artistique; et de même que l'amour est le facteur commun inhérent à la condition humaine, ainsi que l'expression est une impulsion irrésistible. Cela résonne... Et devient l'écho de nos âmes.

« Icare » et « Libération », nous avons tous un désir presque instinctif de rompre avec l'encerclement et la délimitation. C'est dans le caractère conscient et subconscient de chacun que de remettre en question et d'agir en vue d'une amélioration du *statu quo*, c'est-à-dire, le *statu quo* qui décourage l'innovation et la liberté d'oser. Si cet esprit, qui est en nous, était enseigné plutôt que nourri de façon inhérent plutôt qu'inné, nous n'aurions pas vécu un cycle historique et constant de destruction et de renouvellement, de répression et de liberté. Nous vivons en tant qu'individus sensibles et faisons partie d'un collectif en quête de perfection. Icare est mort à la recherche de nouvelles connaissances et de liberté. Même s'il avait sa liberté physique, il en voulait plus. Notre existence et notre conscience de nous-mêmes nous implorent de rechercher et d'innover et, ce faisant, d'être libres. C'est intrinsèque dans la signification d'être « humain ».

La « Destruction" et la "Douleur » ... Des débris de la destruction, le renouveau s'éveille; la renaissance; l'espoir ... Le chaos de la guerre qui continue de nous tourmenter, est vie et, en tant que tel, est mort. C'est une entité vivante de notre propre fabrication, mais également un contraste frappant avec notre esprit de construire du nouveau. La guerre est-elle vraiment un avant-goût de débuts nouveaux et possibles? un nettoyage, puis l'espoir et la liberté étant des enfants de la destruction totale? Pourquoi la guerre existe-t-elle en premier lieu? Nous subissons le conflit et l'agression jusqu'à ce que nous ne puissions plus maintenir nos propres impulsions de conservation de soi ou de justice, même en ce qui concerne le service froid qui est une vengeance! Et ensuite?

« Feux d'artifices, Torches, la Ville » et « Echos de mon Cœur », dans lesquels la toile provient d'une série de peintures utilisant le drapeau américain comme point de départ de la composition et comme source d'inspiration. Le thème « rayures verticales » se poursuit dans cette composition, qui évoque les célébrations du Jour de l'Indépendance Américaine à New York. Une représentation des événements de la journée se déroulant le long du bord de la rivière de la ville, devant la « Liberty », la Statue de la Liberté, au cours des premières heures de la nuit. Comment pouvons-nous composer une série de formes et de couleurs apparemment divergentes et les attribuer ensuite au symbolisme et à l'émotion? Ce que nous avons ici est une ode à un lieu et à un peuple qui célèbre en dépit de tout ce qui s'est passé dans l'histoire il y a environ deux cents ans. Il s'agit de la renaissance et de l'esprit de rajeunissement qui caractérise non seulement les New-Yorkais, mais aussi les Américains et, en fin de compte, nous tous. Nous avons un destin commun et le voyage qui nous façonne avec tant de différences, de formes et de perspectives sera toujours le grand équilibreur de la race (humaine). Sommes-nous, une fois sur place, destinés à quelque chose au-delà d'une renaissance?

Le « Ophélie » et « Sans Fin », Ophélia étant un personnage de la pièce « Hamlet » de Shakespeare. C'est une jeune femme de la noblesse danoise, la fille de Polonius, sœur de Laërte et fiancée de Hamlet. Il la rejette au début de la pièce, mais Ophélie se concentre sur la mémoire, lorsque Hamlet l'a traitée avec respect et tendresse, c'est pourquoi elle le défendre et l'aime jusqu'à la fin, malgré sa brutalité. Sa faiblesse et son innocence se jouent d'elle car elle ne parvient pas à faire face au déroulement d'événements traumatiques. Elle supporte tout ce dont elle est capable de supporter jusqu'à devenir folle, se rendant à l'évidence et se laissant se noyer. Mais même dans son délire, Ophélie continue de symboliser, pour tous, sauf pour Hamlet, la morale et la vertu. Et ainsi, son corps est transporté par les courants de la rivière, où, éventuellement et inévitablement, il se confond avec l'océan, l'infini. Nous vivons dans l'espoir que le voyage de la vie humaine ne se termine pas dans la mort, mais continue au-delà.

Dans « Tours » et « Ames Rebelles », où la toile utilise le drapeau américain comme base pour sa composition, « Tours » évoque les images de gratte-ciel comme ils peuvent être vus dans n'importe quelles villes américaines typiques. Dans ce cas, et peut-être le plus émouvant, c'est la suggestion de l'image des Tours Jumelles (World Trade Center) à New York, en ce jour traumatique de Septembre.

Avec « Cabanes » et « Je t'ai tenu », la toile fait partie de ce que j'aime faire référence comme la série « bandes verticales ». Cette composition suggère des textures et des formes, évoquant des images de diverses cabanes colorées qui peuvent être vues sur les plages à travers le monde.

Nous pouvons imaginer une vue sur la plage et le ciel comme on le voit dans une toile de cabanes au premier plan. De toutes mes compositions, c'est sans doute la plus personnelle. Elle me ramène aux moments les plus heureux de ma vie, aux après-midi paresseux passé sur la plage; nager, jouer et vivre le meilleur de la vie, surtout avec ma jeune famille. C'était le temps où ma femme et moi étions le centre de l'univers de nos enfants, ces moments qui maintenant, avec le recul, sont éphémères, mais toujours si tendres. « Je t'ai tenu » et « Cabanes » reflètent principalement le centre de mon univers, ma famille. L'amour de famille... existe-il plus humain que cela?

« Echo et le Narcisse » et « Le crépuscule de l'Océan », est l'un des thèmes sous-jacents d'Echo et Narcisse traitant de l'amour mal dirigé et frustré. Dans Echo, nous trouvons une nymphe, pour qui l'objet de son amour profond, Narcisse, reste indifférent à ces ouvertures à cause de son amour obsessionnel pour lui-même. Ses tentatives pour lui exprimer son amour seront frustrées pour l'éternité. Même la beauté d'un coucher de soleil n'éloignait pas de l'obsession des yeux de son esprit: sa propre image. Il méprisera les dons de la sublimité de la nature et du véritable amour des êtres humains. Son immense vanité est aveugle, peu appréciée et enfin inconsciente de la beauté qui nous entoure.

« Liberty et le Nouvel Ordre » et « Voilà », dans lesquels la peinture décrit un nouvel ordre de nos jours, de l'ère du « Brexit » au « populisme » et à la présidence de Trump. Ces entités ont vu disparaître l'influence des puissances d'expression anglaise (notamment les États-Unis et le Royaume-Uni) dans le monde. À son tour, il décrit également la conscience et l'ascendant potentiel mais fragile des pays européens, à la lumière du vide laissé par la chute des États-Unis et du Royaume-Uni dans les affaires politiques et sociales de l'Occident. J'ai essayé de représenter ces phénomènes en superposant les formes les plus reconnaissables du drapeau britannique et du drapeau américain. Leurs couleurs traditionnelles ont toutefois été remplacées par la variété de couleurs qui composent les différents drapeaux des nations européennes et du monde lui-même. Il traite également de la question très centrale de l'immigration et de la manière dont elle est traitée aujourd'hui, en contraste avec l'appel à la diversité, tel qu'il est écrit dans le célèbre poème, si proche du cœur de la « Liberty ».

« Donne-moi tes fatigués, tes pauvres, tes masses surpeuplées désirant respirer librement, les déchets misérables de tes plages abondantes. Envoie-les, les sans-abri, jetés dans la tempête pour moi, je lève ma lampe près de la portail doré! ».

Dans cet ouvrage, nous pouvons discerner la vue partielle de la "Liberty", comme étant le nom propre de la statue, et voir également le profil partiel d'un Indien d'Amérique représentant les peuples autochtones d'Amérique. Cette juxtaposition de formes et de couleurs de drapeaux, avec des images stylisées de symboles d'ouverture et de conflit, sont destinés à évoquer la différence des mentalités vis-à-vis des étrangers en matière de politique nationale. Et pourtant, pourquoi associer un poème sur le fait de remercier le Tout-Puissant de son amour bienveillant? Ces masses remplies lui sont certainement reconnaissantes, de leur libération de la terre promise, en voyant ce fin éclat de l'Amérique, s'accentuant de plus en plus à chaque instant de l'approche de leurs navires vers le port de New York. Et la « Liberty » qui s'anticipe, qui guide de sa lumière, ondulant avec l'espoir soulevé pour que tous voient.

« Oh, comme le Seigneur m'aime pour m'avoir amené sur ces plages ... Merci à Celui qui m'a amené dans une nouvelle terre, pour redonner espoir. Comme le Seigneur m'aime tellement! »

En dépit de la politique, de la culture, des croyances, de l'histoire ou de la religion ce seront certainement les sentiments d'un migrant qui foulerait le sol convoité; la fin d'un voyage et le début d'un autre – et ces émotions n'ont sûrement pas changé.

Libération

Il n'y avait rien,

Puis la lumière,

Et je me suis réveillé,

Pour cela,

Maintenant donné,

La vie,

Ici pour voir,

Éternellement

Jusqu'à ce que je me repose,

Le mien,

Être d'être,

De souffrance,

Pour ressentir,

Le régal de la pensée,

De l'au-delà,

Et ressentir le miracle,
Au plus vrai,
Et au plus pur,

Pour voir les ténèbres,
Dans mon esprit,
Où la libération née,

En vivant,
Ici pour penser,
À partir de rien,

Où la libération n'existe pas,
Mais la prison,
Qui m'attend.

Icare

Douleur

La joie,
est la douleur,
Que je supporte.

Quand,
Dans l'adversité je succombe,
Et je vois la vanité,

De celui,
Dont le défi,
À sa portée.

De celui dont la faim,
Satisfaite,
veux toujours plus.

La joie,

C'est que,

Je supporte!

Et en tant que digne funeste,

Tombe,

Avec le poing fermé.

Dans un effort futile,

Par le point de ma main,

Dont la fureur a supporté.

L'ennemi de mon ami,

La Némésis de mon âme,

L'objet de ma colère.

La joie,

est dans les yeux,

Que le perdant,

De crinière privilégiée,

Avec une vision soudaine,

Ressent.

La tristesse

Le tourment,

Du supporté.

Et le triomphe

Trouvera la douleur,

Que je tiens!

La Destruction

Échos de mon cœur

Ces nuages sombres,

Dont la pluie

Sur mon visage

Passeront

Comme les sons de la rivière.

Faisant Écho dans mon cœur,

Alors que je ressens le réconfort,

En voyant,

Que ces eaux douces,

Se mêleront au vaste océan,

Au-delà.

Et quand cela arrive,

Je toucherai,

Ton visage bien-aimé,

Encore.

Feux d'Artifice, Torche, la Ville

Sans fin

Je vois

Et je ne vois pas,

Ce qui m'entoure.

Une vie sans fin

Qui commence

Et se termine,

En moi.

L'âme d'un être

Qui le jour passé,

Supplie pour une vie sans fin,

Que vienne.

Mais de l'intérieur

Pour me rappeler

De mon éternel

mortalité.

Ophélie

Ame Rebelle

Nous vivons à la
Recherche et conquête.
Des terres lointaines,
Avec le poing ferme.
Et puis,
N'ayez pas peur de l'âme rebelle
Parce que je parle de la beauté qui est à l'intérieur
Car la peur s'accrocherait à une telle pulchritude,
Quelle source de langage.
Je ne parle pas de la peur.
Mais de la beauté
de l'homme,
De sa propre diversité ...

Tours

Je t'ai retenu

Je t'ai retenu,

Je t'ai vu

Dès le souffle de ta vie,

Je t’ai connu,

Mes bras t’embrassent encore,

Te retiennent encore…,

Les montagnes,

Que j’avais escaladées,

Les océans,

Que j’avais traversés,

Pour te retenir ...

Tes yeux du plus profond,

M'ont vu

Comme le premier,

Comme le deuxième,

Comme le troisième,

Tes yeux me retenaient,

Dans tes yeux ...,

Mon fils,

Je serai toujours en toi,

Être de toi,

Être à toi,

Mon fils,

Que tu vives pour toujours !

Fils,

Je vivrai toujours en toi,

Dans tes yeux,

Je vois mes parents,

Je vois mes enfants,

Tu seras toujours,

Comme je serais,

Je t'ai retenu.

Je te connais.

Cabanes

Le crépuscule de l'océan

Je regarde à travers de l’océan l'encre noire,
Et voir un Cormoran gris,
Tombe au-dessus du lourd,
Gonflement de profondeur,

Sans fin,
Éternel,

Au-dessus c'est le ciel,
Glace bleu et douce,

Les nuages prenant ce que le soleil leur donne,
Précieux.
Diminuant,
Lumière,

Et, comme la chaleur,
Il s'efface,

Les mauves profonds,
De nuages emplumés,
En haut,
Fait chuchoter,
Son dernier souffle,

Comme ils touchent,
Le soleil

La Rose impétueuse,
Qui,
Termine dans le noir
Orb vermillon,

Feu,
Lumière,

Ténèbres,
Glace,

Tout en un,
Comme je vois,
Comment je me sens,

Cette vaste et magnifique grotte
Dont je fais partie,
Avec toute la beauté du monde,

Me caresse.

Echo et Narcisse

Voilà

Voilà

Ce que tu m'as donné,

Tout ce qui était déjà souhaité,

Que tu m'as répondu,

Tout ce que j'avais déjà demandé,

Que tu as pris soin de moi,

Quand je t'ai regardé,

Je vois devant moi,

Voilà

un monde,

Si merveilleux que,

Tu es le seul à avoir pu le créer,

Parce qu'une telle beauté du hasard non,

Et chaque fois

Je les contemple,

Tes merveilles

Je ne vois que,

Comment tu m'aimes tellement.

Liberty" et le Nouvel Ordre

Pour mes chers parents,

Maria de Fátima et Francisco Ramos,

mes éternels remerciements.

Pour ma famille, cette affection et cette amitié!

À mes amis, cette amitié!

A tous, mon coeur!

Fernando Messias

Chapitre deux

Les mouvements de la pensée

Ce deuxième chapitre est présenté et traité par l'auteur Fernando Messias et s'intéresse au *Mot* comme un symbole des mouvements de la pensée. Cette approche découle de la trilogie de « La doctrine du Mot », notamment du premier volume (« Construction ») de cet ensemble de livres publiés en 2013. Le premier chapitre de ce premier volume consacré à la construction du *Mot* s'appelle « Les Huit Métaphores de l'Une des Origines de la Construction du Mot » et explore la construction du *Mot* en huit concepts en perspective comme des « mouvements métaphore de l'une des origines de la construction du mot ». Une approche philosophique et essayiste sur la croyance, le savoir et la communication humaine qui commence par le texte biblique de Genesis.

Les huit concepts en perspective comme des « mouvements métaphore de l'une des origines de la construction du mot » trouvent dans ce chapitre un lien avec l'art visuel avec, dans chacun d'eux, la relation entre l'essai écrit et l'art visuel.

Le premier des concepts « mouvements de métaphore de l'une des origines de la construction du mot » s'appelle « Humanité » et se rapporte à la peinture appelée « Le Mythe ». Cette peinture a été conçue sur une surface dure, en bois, peinte à l'acrylique. Au centre de l'image se trouve une force centripète, une « lumière » intérieure, qui attire l'attention sur le centre de l'image. Une force d'eau et de terre en simultané. Cette force est insérée dans un espace délimité comme si elle se trouvait dans une tente intemporelle, sans temps et ni espace. Une tente de l'univers et des multivers de la Création Humaine. Au-dessus de cet espace se détachent des regards et des figures semi-humaines qui regardent cette force de l'extérieur vers l'intérieur. Le tableau imprime du mouvement et de la force. Les couleurs qui le forment cherchent l'équilibre et la force qui existent en son centre, cherchant la stabilité, l'énergie, la certitude et la vie. En termes de taille, il s'agit d'un cadre rectangulaire mesurant environ un mètre.

Ainsi, comme dans le texte de l'essai intitulé « Le Premier Mouvement - L'Humanité" dans lequel « la lumière séparée des ténèbres est la lumière divine! », il est « jour et nuit d'où proviennent l'après-midi et le matin du premier mouvement du Mot », de même, dans le tableau, la "lumière" intérieure est perceptible, cette force centripète, séparée des yeux qui la voient et protégée dans cette tente divine où les forces s'unissent et se propagent vers l'extérieur, comme l'œuf se concentre sur lui-même pour agir à l'extérieur lorsque le moment de la transformation de l'Etre arrive. La relation entre la lumière divisée, séparée des ténèbres, de la "lumière" centripète qui émane de l'intérieur du tableau. D'un autre côté, comme dans l'essai-poème, « les eaux séparées par la terre ferme, puisqu'elles ne se distinguent d'en haut que séparément, du firmament, où apparaissent l'après-midi et le matin du deuxième mouvement du Mot » dans le tableau, la tente qui sépare les regards du centre du tableau est une séparation afin d'accentuer les différences entre le Créateur et le Créé, entre l'Energie et la Stabilité, entre la Paix et l'Ame. Et tout comme dans le poème-essai, qui « créant la Dualité, sa multiplication apparait et domine la terre et la mer, d'où l'après-midi et le matin du sixième mouvement du Mot », dans le tableau, créant l'Humanité par la force centripète, la dualité de l'Homme permettra la multiplication d'où apparaitra « l'après-midi et le matin du sixième mouvement du Mot », et seulement "il y aura un nouveau *Mot* quand il périra ou sa ressemblance et son image périront", tout comme dans le tableau, il y aura une nouvelle Humanité uniquement quand la précédente aura périt ou la force centripète au centre du tableau aura périt.

Le deuxième concepts « mouvements métaphore de l'une des origines de la construction du mot » se nomme « Complexité » et se rapporte à la peinture intitulée « Révélation ». Cette peinture a été conçue sur une surface rigide, en bois, et à l'acrylique. Révéler quelque chose implique de la complexité. La révélation, comme quelque chose en nous, quelque chose qui émane de nous, est complexe parce qu'elle s'est révélée à notre conscience. La révélation est un phénomène complexe car cela implique plus que la connaissance explorée par les sens. Cela implique une appréhension consciente et alchimique de quelque chose qui dépasse l'entendement. La peinture « Révélation » évoque précisément cela: la complexité de ce qui est révélé; la complexité de l'Etre Humain, la complexité de notre Etre devant la finitude de l'Etre. Les couleurs et les nuances exprimées dans l'image révèlent ce mystère de la vie qu'est la « Révélation » - quelque chose qui est sur le point de se produire et se produit à un moment donné. Cela a été révélé par la couleur et la conjugaison de la tonalité sur la toile. La force des rouges avec les bleus, le jeu estompé des "personnalités" des couleurs dans « l'éthérée » de l'esprit révélée par la conscience. C'est une peinture de dimensions remarquables d'environ un mètre et demi de largeur et un mètre de hauteur.

Ainsi, comme dans le texte de l'essai intitulé « Le Deuxième Mouvement – Complexité », la « révélation » apparait de haut en bas, de l'extérieur vers l'intérieur, de l'esprit à la matière, par les mots « plus haute celle qui apparait, elle se dit perdue », « dans cette quête, la Mort a suscité de l'inquiétude, plus que jamais, *Marih*, le nom », de sorte que sur le tableau, la « révélation » se manifeste par le rouge au-dessus « tombant » dans le bleu en dessous - feu, ciel, eau, terre. Dans le texte écrit, l'eau apparaît comme un océan, une agitation et une influence divinospirituelle, extraite par le sens du texte: « Eau, océan, sel et mains. Soufre et terre, *Salomon et Marih*, les Noms », « Au dessus, en dessous, *Marih* a donné sa punition confessée, quatre fois sur trois », »Symbole créé, unité rachetée. Sept plus légers, cherchent la construction ». C'est la complexité de la construction et de la révélation de cette construction. Des mots et des noms qui semblent incompréhensibles, cryptés, non déchiffrés et parfois presque chuchotés à l'oreille... *Salomon et Marih*. Certainement. Tous ces mots et noms le sont par la complexité de la « Révélation » - et comme dans l'essai qui dit « La clé, qui les unis, mystifie le possesseur *Marih*.... Et finalement, la révélation est également perdue dans nos consciences, car en se révélant, elle-même se perd, elle est empêtrée dans les recherches subjectives constantes, passées et dans la recherche de la vérité, tout comme dans la métaphore dans laquelle je conclus le poème de l'essai: « La ligne est passée connue dans son Ensemble. Le Regard qui a fixé le passé lui a valu de peu. Je cherche la Vérité et le *Mot* qui parle et me dit qui je suis. Je cherche le *Mot* et la Vérité qui me disent où je vais. Je cherche l'Aurore et la Lumière qui se lève. Je cherche la Règle et l'Exception qu'elle implique ». Ainsi, l'énergie inscrite dans les tonalités du tableau est l'énergie contenue dans la recherche et le devoir à entreprendre, comme décrit dans la strophe finale du poème et essai: « Je cherche d'Où je viens. C'est mon devoir de connaitre et mon Besoin d'entreprendre. Je cherche l'Evolution, le larynx descendant et le nouvel emplacement qui a produit la Première Complexité de la Pensée. Le Langage ».

Le troisième concept « mouvements métaphore de l'une des origines de la construction du mot » s'appelle « Curiosité » et se rapporte au tableau intitulé « Le Clown ». Le tableau est peint sur une surface rigide en acrylique. L'idée sous-jacente est l'évolution sociale de l'Homme, mais lui-même est conscient de son évolution spirituelle. La figure centrée sur le tableau est le "clown", c'est-à-dire, nous tous dans la société et les communautés dans lesquelles nous vivons. Bien sûr, nous voulons prendre l'ascenseur social et nous concentrer sur l'aspect central de la vie sociale: le confort et le luxe de bien vivre et en paix.

Autour du « clown », il y a la ville, le labyrinthe, les « pattes d'oie » qui représentent le nombre croissant de la population en ville.

Le bleu s'estompe en une myriade de couleurs, comme l'indique le texte de l'essai intitulé « Le troisième Mouvement - Curiosité" quand j'ai écrit que "d'une couleur à l'autre, une myriade d'autres tons s'élève. Un Cercle se forme sur un ton net dans un Silence parfait ». Et tout comme dans le tableau dans lequel le silence du « clown » est reflété par l'ascenseur où il se trouve, montant, dans le texte, le silence est formé par la contemplation de la couleur. Curieusement, le tableau nous montre une nette distinction entre la ville et l'habitant, le bleu et le jaune. L'ascension du "clown" est basée sur la connaissance représentée sur le tableau par l'ascenseur, en jaune, qui apparaît sur un trottoir dynamique, également en jaune, représentant la dynamique de la connaissance. Les deux sont le substrat de l'ascension du « clown » dans la ville où il construit sa place et sa "maison". La « vérité », pour ainsi dire, telle que je l'ai exprimée dans le texte: la « vérité, parcours solide entre marges curieuses. Aptes aux gestes et à la grâce de la connaissance, il faut construire sa maison ». Mais cette "maison" est aussi spirituelle, avec des surnoms spirituels, comme dans le texte de l'essai où la maison est « belle, lumière indélébile. *Niklots et Nebajoy* contre *Mariba* ».

Le quatrième concept « mouvements métaphore de l'une des origines de la construction du mot » s'appelle « Conscience » et se rapporte au tableau appelé « Le Plateau ». C'est une peinture à l'acrylique sur bois avec des notes d'art plastique. Sur le tableau est placé un petit morceau de chêne qui marque son unicité, c'est-à-dire, la conscience. Au centre du tableau se trouve un orifice délibérément creusé pour marquer le « Plateau », c'est-à-dire, un endroit, centré au centre du tableau. En diagonale, nous pouvons voir deux énormes lignes bleu foncé qui traversent le tableau de haut en bas. C'est une connotation évidente de l'homme de Vitruve conçu par Léonard de Vinci, où le nombril reste immobile, tel qu'un « nombril » gravé au centre du tableau qui centre la silhouette et procure équilibre et conscience. Outre l'hommage au dessin de Leonardo Da Vinci, sur le tableau sont cloués sept clous de cuivre qui indiquent le nombre sept, le nombre de l'Homme. Et ceci est significatif, car le tableau dans son ensemble est un hommage à l'Homme et à la Conscience de Soi.

Le grand bleu du tableau représente la force de la conscience, le bleu de la mer et le bleu du ciel, comme l'indique le texte de l'essai intitulé « Le Quatrième Mouvement – Conscience », « Pourquoi repousser si ce que vous voulez bouger ne peut être déplacé ? La Conscience de l'Erreur te fait craindre de te tromper. La Conscience d'Aimer, te fait aimer ». Et aussi le bleu du mot et du silence, oui, parce que le mot et le silence ont aussi une couleur, comme je l'ai décrit dans le texte comme une conclusion: « Entre le *Mot* et le *Silence*, il existe un presque rien de presque Tout ».

Le cinquième des concepts « mouvements métaphore de l'une des origines de la construction du mot » s'appelle « Connaissance » et se rapporte à la peinture appelée « Hercule ». C'est une peinture d'environ un mètre de large et de hauteur, peinte à l'acrylique où nous pouvons voir la force de l'unité, la motivation, la stabilité émotionnelle et la persévérance. La connaissance est basée sur la motivation de la connaissance, la persévérance pour l'obtenir et la stabilité émotionnelle pour la comprendre. Comme je l'ai écrit dans le texte d'essai intitulé « Le Cinquième Mouvement - La Connaissance », ce « qui est dispersé, je l'Assemble dans le Devoir, dans un désir permanent de Vérité, j'aspire à la Connaissance ». Sur le tableau, nous pouvons voir plusieurs « X » sous un énorme mouvement de couleur, comme une énorme force intérieure. Hercules – la force physique mais aussi la force mentale. Celui qui peut s'élever là où les autres ne peuvent pas. Tout comme dans le texte d'essai que j'ai écrit, « Moi qui m'élève, je trouve le chemin ». Sur le tableau y figurent également les mots de l'esprit, les noms, *Tebeht Rada* par exemple, ce nom qui reste dans « l'ardeur et le zèle » - ce nom murmuré transforme quelque chose, impressionne la force, la persévérance, la motivation et la volonté. Comme Hercule qui a été contraint de démontrer sa force, comme s'il y avait une tension, ainsi dans le texte de l'essai, cette tension était ressentie « dans mon Cœur » et si la charité s'éteignait et que la force d'Hercule l'emportait, ce serait parce que l'espoir a pris cette force comme dans le texte:

« L’espoir illuminera mon Cœur et avec lui la Charité sera restaurée. *Igne Natura Renovatorum Integra* ».

Le sixième concepts « mouvements métaphore de l'une des origines de la construction du mot » s'appelle « Choix » et se rapporte à la peinture appelée « L'argument ». C'est un tableau tout aussi grand - environ un mètre et demi de haut. Acrylique sur bois. Trois figures similaires (que nous pourrions aussi appeler « *Finita Trindade* ») émanent du tableau dans des tons de rouge, noir et bleu avec des notes circulaires de jaune, noir et or. La peinture imprime l'équilibre et la symétrie. Cela nous donne la possibilité de choisir - ou nous sommes dans le rouge, le noir ou le bleu. Toutes les figures représentent des arguments. Une figure, un argument. Et cette possibilité de choix réside dans l'homme.

Comme je l'ai écrit dans le texte d'essai intitulé « Le Sixième mouvement - Le choix », l'homme « formé et vivant a été placé à l'Orient, dans un jardin » et dans ce jardin a été « placé l'Arbre de Vie, au Milieu et à l'Orient, parmi les arbres de la Science du Bien et du Mal ». Ainsi, comme les trois figures d'arguments émergent de la peinture, les arbres du bien et du mal apparaissent dans le

texte de l'essai aussi, « Des Arbres de la Dualité, du Bien et du Mal, tu ne dois pas te nourrir, car tu le fais, tu connaîtras la Trinité Infinie ».
Et finalement, un choix a été fait que nous pouvons appeler « le choix de l'Humanité » dans lequel « le péché » a dominé et le chemin de l'Humanité a été choisi: « Le péché a dominé *Caïn* et non *Abel, Abel* est mort et *Caïn* non, sept fois le péché aura répondu jusqu'à ce que la mort le prenne et pas à *Lamech* ».

Le septième des concepts « mouvements métaphore de l'une des origines de la construction du mot » s'appelle « Sagesse » et se rapporte à la peinture intitulée « Le Masque ». C'est une peinture acrylique sur toile où il est possible de visualiser un énorme visage, un énorme masque. Le visage ou le masque a un mouvement, un mouvement qui nous regarde presque soudainement chaque fois que nous regardons la peinture de face. Il faut de la sagesse pour savoir ce qui se cache derrière le visage, le masque. Seule la sagesse nous donne cette capacité, cette connaissance. La connaissance de nous-même. L'aphorisme Grec, connais-toi toi-même - la grande maxime de Delphes. Le masque n'est pas ce qu'il y a derrière-lui ni le masque lui-même. Le masque manque de vie et la vie n'appartient qu'à ceux qui sont derrière le masque dans lequel seule la sagesse permet d'accéder à la vraie connaissance. Uniquement cela nous donne une nouvelle vie métaphoriquement connotée avec « l'Arche de l'Alliance » et avec le mot représenté. Et comme écrit dans le texte d'essai intitulé "Le Septième Mouvement – La Sagesse", « l'Arche Construite abriterait l'Alliance (...) Les plus purs du Culte et de la Dualité se sont tous réinstallés sous une Nouvelle Alliance en Arc dans l'Iris du Mot représenté ».

Enfin, le huitième des concepts « mouvements métaphore de l'une des origines de la construction du mot » s'appelle « Silence » et se rapporte au tableau intitulé "La Sphère dans les Abysses". C'est une peinture également en acrylique dans laquelle la planète Terre est enveloppée, d'abord, dans un anneau d'une incommensurable matière noire, puis dans un plus grand anneau de matière blanche. Au centre, la planète Terre. « La Sphère dans les Abysses » est une peinture de silence, où le son produit par les mouvements de la terre en elle-même et autour du soleil est réduit au silence par la matière noire qui l'enveloppe. Un hommage à la Création et au miracle de la Vie. C'est un tableau plus petit que les précédents. Et le texte de l'essai intitulé « Le huitième mouvement – Le « silence » crée « un devoir spontané de Conscience dans un seul commandement « Sous le Mot, l'image est vue, elle lui transmet le sens ». S'il peut y avoir un doute sur la Création, il y a également un doute sur la Vie – « C'est un miracle à chaque réveil. Et si je ne me réveille pas, cela cessera-t'il de l'être? ». Et ainsi ce mouvement de silence complète les sept derniers mouvements qui l'ont précédé - un mouvement de Conscience, de Création et de Vie qui ne peut être saisi uniquement par le Silence.

Le premier mouvement

l'Humanité

Là lumière séparée

des ténèbres

est la lumière divine!

C'est le jour et la nuit

d'où naissent

l'après-midi

et le matin

du premier

mouvement

du *Mot*.

Les eaux

séparées

par

la terre ferme,

parce que
Uniquement séparées,
elles se distinguent
d'en haut,
du firmament,
d'où
apparaissent
l'après-midi
et le matin
du deuxième
mouvement
du *Mot*.

De la séparation
des eaux,
la terre
arrive,
dualité
essentielle
à la vie:

terre et mer.

De la terre
vient le vert,
couleur de la vie,
d'où
naissent l'après-midi
et le matin
du troisième
mouvement
du *Mot*.

Des signes dans le ciel
surgissent
pour laisser
place
aux Saisons
et
aux moments
de la vie

qui

illuminent

la Terre.

De la lumière,

soleil, le jour règne,

de la Lumière,

la Lune, la nuit apparaît.

Les étoiles

apparaissent

dans la couleur

et l'illumination.

Ils dominent

jour et la nuit,

lumière et ténèbres,

d'où naissent

le soir

et le matin

du quatrième

mouvement

du *Mot*.

Terre et mer

inondées

étaient

de la Vie

créée,

multipliée dans le genre

et le but,

d'où émergent

l'après-midi

et le matin

du cinquième

mouvement

du *Mot*.

Laissez la reproduction

se produire.

Que l'homme

soit fait

à l'image

du Créateur,

à sa ressemblance

pour qu'il

domine

la terre et la mer.

Créée

la dualité,

sa multiplication

survient

et domine

la terre et la mer,

d'où apparait

l'après-midi

et le matin

du sixième

mouvement

du *Mot*.

Une fois l'œuvre

des cieux

et de la Terre

terminée,

méditez

et contemplez

les mouvements

du *Mot*.

Et seulement

un nouveau

Mot

sera fait

quand

il périra

ou

si son image

et sa ressemblance

périront.

Le Mythe

Le Deuxième Mouvement

La Complexité

Plus haute

celle

qui apparaît,

se dit

perdue.

Dans cette quête,

la Mort

s'est réveillé

inquiète,

plus que

jamais,

Marih,

le nom.

Eau,

Océan,

sel et mains.

Soufre et terre
Salomon et *Marih*,
les Noms.

En haut,
en bas,
Marih a donné lieu
dans la mortification,
quatre
par trois fois.
Symbole luisant,
unité de rémission.
Sept plus légers,
cherchent
la construction.

Marih
surgit au

Centre.

Marihnoda

est appelée.

Six

l'assistent.

Le Clé

qui les unie

mystifie

le possesseur

Marih…

La ligne passa

à être connue

dans son

Tout.

Le Regard

qui fixa

le prétérite

de peu

lui valut.

Je cherche

la Vérité

et le *Mot*

qui parlent et me disent

qui je suis.

Je cherche

le *Mot*

et la Vérité

qui me dît

où je vais.

Je cherche

l'Aube

et la Lumière

qui émerge.

Je cherchai la Règle
et l’Exception
qu’elle comporta.

Je cherche d’où je viens.
C'est mon devoir
de savoir
et mon
besoin d'entreprendre.
Je cherche l’Evolution,
le larynx descendant et le nouvel emplacement,
qui a produit
la Première Complexité
de la pensée. Le Langage.

Révélation

O Troisième Mouvement

La Curiosité

D'une couleur

à l'autre,

une myriade

d'autres tons

s'Elèvent.

Un cercle

se forme

sur un ton

net

dans un Silence

parfait.

Il connaît le cercle

et dans sa

Quadrature,

il crée

Art et

Vie.

La vérité,

un parcours

solide

entre marges

curieuses.

Aptitude aux gestes et

à la grâce

de la connaissance,

il faut construire

sa maison.

Moi

qui me

fait plus peur

que

le Moi
que j'ignorais
et cet
Autre Moi
qui fait
l'Imparfaite Envie
de mon Esprit.

En sentant,
Je sens,
et je peux sentir
Vraiment.

En conscience
je cris de
Un à
Neuf.
J'agis
et récompense
dans le zèle
et fidélité.

Je levai
les murs
conscient
de ce que
je protégeais.

Des choses
qui m'allaient
à moi et aux autres
je coopérai
vie et âme.

Belle maison, lumière indélébile
Niklots
et
Nebajoy
contre
Mariba.

Le Clown

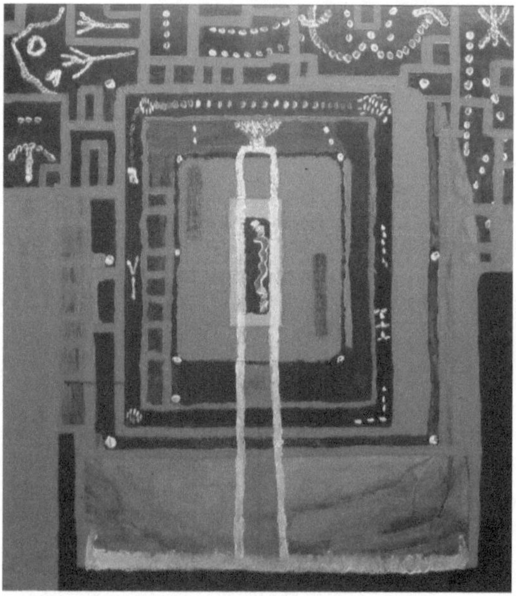

Le Quatrième Mouvement

La Conscience

Pourquoi pousser
si ce que
tu veux bouger
ne peut pas
être déplacé?

La conscience
de l'Erreur
te fait peur de te
tromper.

La conscience d'Aimer,
te fait aimer.

Bien

en moi,

entre les organes et

le sang,

il y a une

Ame

que je garde

comme ma

Conscience,

pour qu'un

Jour

le corps

périsse

et reste

uniquement elle

sans ma

Présence.

Le feu

m'apprend

le doute

des formes.

Le portrait

douteux

est

beau.

Je ne porte rien,

parce que

je ne veux pas.

J'ai laissé tout

ce que je devais.

J'ai

secrètement

voulu apporter,

mais même cela

mon

Ame

ne m’a pas permis.

Entre le *Mot* et le *Silence*

existe

un presque rien

de presque

Tout.

O Plateau

O Cinquième Mouvement

La Connaissance

Ce qui est
dispersé
Je l'assemble dans
le Devoir,
dans un désir
permanent de
Vérité,
j'aspire à la
Connaissance.

Moi qui m'élève,
je trouve
le chemin.

Je l'ai fait avec Foi,
Charité

et Espoir.

L'amour
m'a guidé
de la haine à la Beauté,
de l'orgueil à la Divinité,
de la discorde à la Sagesse,
du pouvoir à l'Honneur,
de la gloire à la Force.
Nodabba mulubing,
rencontre parfaite,
main dans la main,
de gauche à droite.

Les temps
sont proches,
il y a tout à faire,
mais à
l'intérieur
je dois

secouer.

Le temps
est fini,
dehors.

Il faut
rester.
Tebeht Rada,
avec ardeur
et zèle.

Le chemin
est repris,
couvert.

Cette tension
que je ressens
dans mon
Cœur,

me pousse

dans l'Espoir

à aller plus loin

dans la lumière qui illumine

l'Esprit.

Je me donne par Charité,

en tant que partie intégrante

de quelque chose en amour,

dans la Création

en construction.

Si la charité

est éteinte, l'Espoir

illuminera mon Cœur

et avec lui

la Charité

sera restaurée.

Igne Natura Renovatorum Integra

Hércules

Le sixième mouvement

Le choix

De la poussière de la terre,
on dit
que l'homme s'est formé,
déjà corps,
la vie
lui a été donnée.

L'homme formé
et vivant
a été placé
à l'Orient,
dans un jardin.

Placé l'Arbre
.de Vie,

au Milieu

et à l'Orient,

parmi les arbres

de la Science du Bien

et du Mal.

L'eau s'est approchée

de l'Orient

à Quatre Bras,

Pison,

rivière d'or,

Gheon,

rivière fertile,

Tigre,

rivière qui coule de loin et unit deux peuples,

Euphrate,

le nom à l'orient.

L'Orient

a été donné à l'homme

pour qu'il le Médite,

se Développe

et le garde

pour Lui.

Parmi les arbres de la Dualité,

du Bien et du Mal,

tu ne dois pas te nourrir

car, si tu le fais,

tu connaîtras la Sainte Trinité.

En assistant

le rejoignit

à son image,

nommant toute la création

comme étant la sienne,

la nommant

et la distinguant.

De l'homme

expulsé de l'Orient,

la Fontaine de la Vie

a été conservée.

Le péché a dominé

Caïn et non *Abel*,

Abel est mort

et *Caïn* non,

sept fois

le péché

aura répondu

jusqu'à ce que la mort

le prenne et non pas

Lamech.

L'Argument

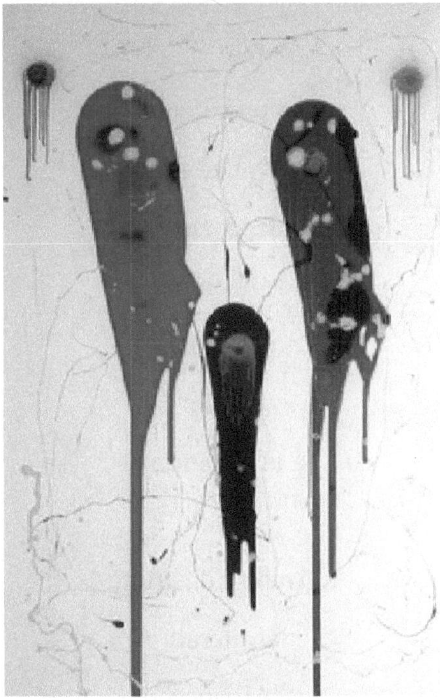

Le septième mouvement

Le Savoir

La repentance

est venue avec

les maux

de l'homme

et a ainsi

mis fin

à la Création.

L'Arche Construite

abriterait

l'Alliance.

Pureté

et Impureté

ensemble

en Nombres
inégaux de Sept
à Un,
par leur signification.

Les plus purs
dans le Culte
et la Dualité
reposent
tous
une nouvelle fois
sur une Nouvelle
Alliance
em Arc
dans l'Iris
du *Mot*
représenté.

Le Masque

Le huitième mouvement

Le silence

Crée

dans le devoir

en travail

spontané

à la Conscience

en un seul

commandement

« Sous le Mot,

vu l'image,

vous transmet

le sens »

Vivre

fait exception à

la Règle.

L'extinction

confirmer

l'Existence.

Le *Mot*

se consomme

en Silence.

Le Silence

orne

le *Mot*.

Quel est le sens de la ligne?

Tout Droit.

Quel est le sens de la droiture?

Vers le haut.

L'expérience

qui s'allie

au point

est le paragraphe

qui s'est éteint

dans le présent,

aléa du passé,

symptôme du future.

Un mur

érigé

délimite l'espace

et cache

quelque chose,

comme un

petit secret

qui

cache quelque chose,

aussi petit soit-il.

Si l'homme

n'était pas

imparfait

il n'aurait pas

choisi de tuer,

et si se tuer

n'était pas

la conséquence,

l'imperfection

ne serait pas la cause.

C'est toujours

un miracle

quand je me réveille.

Et

si je ne me réveille pas,

cela ne le Sera

plus ?

La Sphérique dans les Abysses

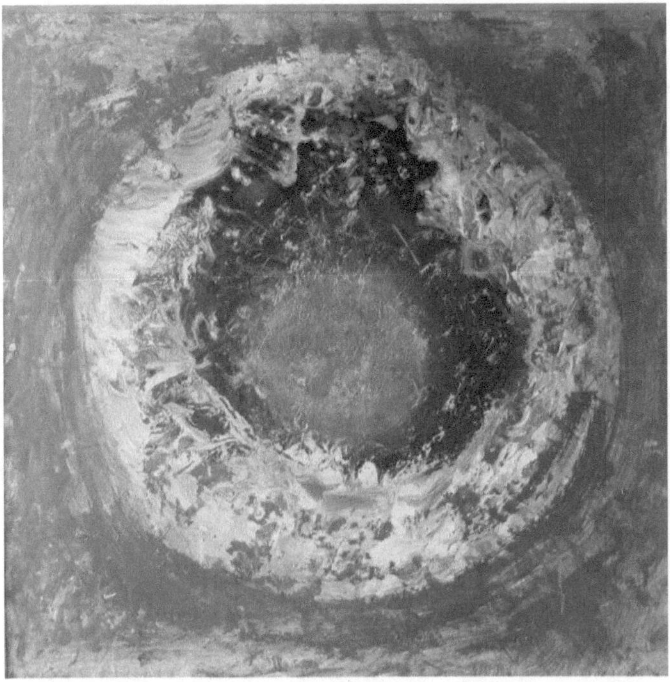

L'auteur

Fernando Messias

Fernando Brás Messias est né à Lisbonne. Dès son plus jeune âge, sa curiosité intellectuelle l'a amené à se réfugier dans les livres. Adolescent, il se consacre à la lecture des grands classiques de la littérature mondiale et nationale, en s'intéressant plus particulièrement au travail de Fernando Pessoa, à la philosophie, peinture et musique. Comme tout autre adolescent, la perception de soi l'a conduit à la quête de l'expérience de la connaissance et de l'exercice créatif de création de mondes. Dans la perception de cette époque de l'adolescence, le monde lui appartenait, comme il appartiendrait à n'importe quel adolescent. Il a commencé à accumuler les instruments, émotions et certaines connaissances qui lui ont permis de comprendre le monde et les autres à travers la création de ses mondes et de son expérience ressentie de la musique, de la littérature et de la peinture.

En plus de son activité professionnelle intense, Fernando Messias a maintenu tout au long de sa vie une relation étroite avec le monde de l'art, de la connaissance et de la science. Professionnellement, il est diplômé en droit, avocat, médiateur, arbitre, post grade en Economie Régionale et Développement Local, post grade en Droit de la Planification Territoriale, Droit de l'Urbanisme et du Tourisme, études supérieures en Tourisme, diplômé en Arbitrage International, maîtrise en Droit du Commerce International avec mention, conseiller juridique, chercheur, docteur en tourisme (Ph.D) avec la thèse de doctorat intitulée « Leadership et bien-être: le cas de l'hôtellerie cinq étoiles dans l'Algarve» et Postdoc en psychologie.

Il a également plusieurs post grades et est facilitateur dans la résolution créative des problèmes organisationnels (*Certified Basadur Facilitator - Simplexity System*).

Grâce à son vaste parcours professionnel, on peut comprendre l'intensité avec laquelle il vit le monde, ou plutôt, les mondes qu'il a créés dans sa vie.

La gestion attentive du temps et l'internalisation que la vie humaine a une limite définie dans le temps ont été les piliers du progrès dans sa vie. D'autre part, le profond respect et l'admiration qu'il nourrit pour les personnes, pour la nature, pour la vie et pour Dieu, l'amènent à croire que notre vie a été prématurément définie par une entité supérieure à nous et à qui nous devons le plus humble et sincère respect. La science, la foi et la spiritualité ont été les chemins qui l'ont conduit à la connaissance du monde et à la création de plusieurs et perpétuels mondes.

Et à ce jour, il est cette personne qui, de plusieurs façons, a vécu et a expérimenté la vie sous le regard de ceux qui explorent et créent des mondes.

L'auteur

Amadeu Sousa

Amadeu Cardoso de Sousa est né à Barreiro. Sa famille a émigré au Canada lorsqu'il avait quatre ans et c'est là qu'il s'est formé, au travers d'une nouvelle culture de la ville de Toronto. Une ville dynamique, pleine d'optimisme et de possibilités, en harmonie avec ce pays jeune qu'est le Canada. Cette expérience lui a donné l'opportunité et l'identité attribuée à tous les immigrants, d'être biculturelle; Comme c'est le cas d'Amadeu, il est parfaitement à l'aise à s'identifier comme Canadien et comme Portugais. Cette expérience est ce qui le définit. Pour lui, les deux sont en harmonie.

Très tôt, Amadeu a découvert son talent pour le dessin, qui a évolué et s'est développé au cours de sa vie, influençant son imagination et lui donnant sa passion pour l'expression artistique. Il voit le monde et l'admire au travers de la vision de partager ses observations, interprétations et expressions artistiques, qui font partie de notre compréhension collective. Il a toujours montré une passion pour la musique, la peinture et, en tant que lecteur avide, la littérature.

"Les artistes sont un moyen d'interpréter notre existence, à partir de perspectives extraordinaires, enrichissant la diversité de la condition humaine."

Les antécédents professionnels d'Amadeu sont l'architecture, l'urbanisme et le design. Il a étudié à l'*University of Toronto*, puis à l'*Ohio State University*, où il s'est spécialisé en architecture. C'est un artiste talentueux qui travaille avec différents types de médias, ses œuvres étant principalement élaborées à l'huile et à l'acrylique. Amadeu écrit aussi de la poésie, préférant le "vers libre" de part sa spontanéité; s'appuyant souvent sur la poésie comme seul moyen pour commencer une œuvre artistique. Bien que la peinture nécessite une période de gestation, parfois longue, du concept initial à son achèvement, l'écriture est beaucoup plus immédiate et impulsive, ce qui, à son avis, est la clé pour extraire l'émotion nécessaire pour écrire quelque chose de vraiment significatif.

Prochaine édition

MESSIAS, F., SOUSA, A. *Rencontres de Couleur et de Mot – Errances Esthétiques et Philosophiques dans les Arts Visuels*. Édition Portugaise. Allahabad, India: Cyberwit.net.

HUMAN

THE EIGHT, THE ALL AND NOTHINGNESS: REFLECTIONS OF UNIVERSALITY, BALANCE AND TIMELESSNESS

POETRY, PAINTING & ESSAY

Title: *Human* – the eight, the all and nothingness: reflections of universality, balance and timelessness / Fernando Messias & Amadeu Sousa.
Poetry, Painting & Essay

Authors: Fernando Messias & Amadeu Sousa

First Edition: 2020

Cyberwit.net
HIG 45 Kaushambi Kunj, Kalindipuram
Allahabad – 211011 (U.P.) India
W. http://www.cyberwit.net
E. info@cyberwit.net
T. + (91) 9415091004 + (91) (532) 2552257

Printed at Repro India Ltd.

Contents

Introduction

Human

The eight, the all and nothingness: reflections of universality, balance and timelessness

The second chapter of this book deals with the *Word* as a symbol of the movements of thought. This approach stems from, "The Doctrine of the Word – Volume 1: Construction", of a trilogy first published in 2013. The construction of the *Word,* through eight viewpoints on the use of metaphor, is explored in Chapter 1, of that first volume. It is a philosophical essay about human belief, knowledge and communication, beginning with the biblical text of Genesis. And as per the author's fore*word* of the original volume, the poetic form serves to pique the reader's interest regarding the underlying imagery and thought of the varied themes and authors. Throughout that trilogy, the reader is provided with an introduction to eight truisms in the Construction of the *Word* (Humanity, Complexity, Curiosity, Consciousness, Knowledge, Choice, Wisdom and Silence). Additionally, he is given the principal construction of the *Word* together with its sibling, the *Number;* conjoined with the movement of thought and the principals of deconstruction of the *Word* (Inhumanity, Simplicity, Apathy, Unconsciousness, Ignorance, Coercion and Insanity). Accordingly, the reader is introduced to the *Word.*

The *Word* appears in the second chapter as the essence of the movements of thought, an essence which can also be followed through the visual works present throughout.

In the first chapter, the author Amadeu Sousa traces a subjective course on the states of the soul, entitled “Echos of the Soul”. In the second chapter the states of the soul have been approached through the perspective of movement and hence the underlying theme of “The Movements of Thought”.

A link is established between perspectives and analysis, regarding the fundamental qualities of human life, with the intrinsic nature of soul and emotion on the one hand, and that of heart and thought on the other. It aims to allow the reader to exercise his individual freedom and creativity while associating with the perspectives and thoughts of the authors. Both chapters deal with image, colour and word, in written and visual form. Poetry and painting. Essay and painting.

Nothing in life happens by chance, as chance is itself determined by a higher being. If on one hand, poetry, reflection, essay and thought determine understanding and arouse curiosity, then on the other hand, painting and image, provoke emotion and feeling. In all forms of expression, there exists soul and thought, emotion and heart, all of which are explored in this book.

Preface

"For wisdom, listen
not to me but to the Word
and know that all is one."
—Heraclitus

When I was asked by my dear friend Amadeu Sousa to write something about his book, I was deeply honored. After reading it and thinking about it. I thought it was more interesting to reflect on the difficult task of an interpretation of the world through painting and poetry rather than try to explain what it means specifically. I believe that any serious attempt to explain universality, nothing and timelessness through different texts has a special merit and it is rooted on a classic philosophical tradition. "Human" by Amadeu Sousa and Fernando Messias aims to draw some lines of analysis on what I will frame as hermeneutics or interpretation of texts, and in particular in what the authors conceive as the hermeneutical problem that "feeling" is situated in facing the interpretation of discourses, painting and poetry, starting from this idea, they establish a dialogue with their works about the tradition that implies the understanding of words and concepts that being and its environment entails.

Therefore, the authors recall the contribution to the link between different media interpretation for the construction of references that give meaning to the creation of knowledge and the world. This particular view is at the same time discovery and concealment, so that requires interpretation, and has a meaning that goes beyond what it properly says, a hidden sense to the direct vision and to which it is accessed universality, by the interposition of the image and the metaphor. (Garagalza, 2006: 180).

When and where was hermeneutical consciousness born, in the philosophy of West? We really do not know; however, we can propose a hypothetical origin from what we know. From Heraclitus' restlessness to the present the need to ask oneself about understanding; for him, the correspondence that remains between the language and the being "is no longer an immediate identity but mediated and, so to speak, hidden, it is accepted that the reflection on the 'logos' of the language as a whole can show the 'logos' of the totality in the evolution of the cosmos "(Garagalza, 2006: 180).

These spiritual facts that man has developed historically and to which the common use of language is known as the sciences of man, history, culture and society; these constitute the reality that we try not to dominate, but to understand.

Amadeu and Fernando propose a method that requires the question of the value about the various expressions of which thought is used to solve its tasks. It is a historical-critical position within the body of those sciences, however it should be clarified that by considering a discourse whose subject is humanity itself as well as the nature of knowledge, the hermeneutic problem is implicit here, knowing how to distinguish between true discourse and empty discourse.

This text is facing the problem of comprehension, implied in all the forms that human communication takes, of its multiple expressions in discourse in images, in gestures and in manufactured things, we find ourselves in the field of science of the spirit (*Geisteswissenschaften*); which is ours and the proper one to adequately pose the questions about understanding and interpretation: because we are our terrain, we are immersed in it, we are immersed in the tradition, the myth, we are immersed in the very history we want to understand; in such a way that the question acquires a particular form.

Theagenes of Rhegium defends Homer from the rationalist attacks made after presenting in *The Iliad* as a scandalous behavior of the gods, contrary to the Greek ethical canon of civic and everyday behavior, arguing that Homer makes use of a cryptic mode of expression, using a poetic language that refers to deep truths, that literality contain a hidden meaning, by allegorical reference. Such language alludes and unveils the deep-seated truths hidden behind a veil of metaphors, behind a garment embellished by plastic images. Thus, the myth is seen as an encrypted language that veils a deep knowledge that must be interpreted and deciphered.

The practice of the allegorizing interpretation of myths consisted, therefore, of finding something deeper behind the literal meaning. The shocking or absurd sense from the immediate sense is just an indication of an allegorical sense that the reader, observer or listener had to decipher. The need for an explicit reflection on the explanation, on the primary occurrence of language as interpretation or as a reproduction of thought, is due to the fact that there is nothing more human than the fascinating experience of incomprehensibility.

Roland Barthes, in his study of modern mythologies, shows the existence of a significant double structure in myth, as in the poetic or pictorial image, the literal plane is only a metaphorical figure that serves as a means to transmit a "hidden" meaning or knowledge, a second plane of meaning, which he calls meta-language. That is, the myth has an implicit meaning different from the explicit meaning, present in its literalness. The myth is approached, either in its text or image form, as a significant structure that asks to be interpreted.

Philosophical hermeneutics has shown that, inevitably, when interpreting a discourse or any social or natural phenomenon, every interpreter projects his categories of thought on what is being interpreted; thus, there does not and cannot exist an "objective point of view neutral and disinterested". Heidegger attacks this prejudice as the most pernicious for research, along with that of the framing of the subject-object, emphasizing the pretension of an observer exempt from perspective. The human being is always a being located in a specific world guided by a particular type of thought that is proper to its cultural horizon, socially and historically constructed.

Gabriel Esquível

(Architect and Associate Professor, Department of Architecture Texas A&M University)

For my sons,

Daniel, Giordan, David, and Sérgio,

and my wife Marianne.

You are my own little bit of humanity...

and a very big part of me...

Amadeu Sousa

Chapter One

Echos of the Soul

This first chapter is presented and explored by the author Amadeu Sousa and deals with the observations that are encountered during day to day life, those moments that are seemingly prosaic but turn out to be the most interesting, especially in the realization that we are here in this world for a single moment in time, adding credence to an old (Portuguese) expression that "life is but two days".

Janus is the oldest of the Roman gods, spanning beginnings and ends, portals to what lies ahead, as well as what we left behind. He is the god of two faces; of two visions, who sees the duality that is life and who represents our unique ability to see and sense what we cannot see, of what is yet to come. It is, in fact, the journey of life. Poetry can lead us on a journey and helps us to see more clearly our relationship with our inner world. Poetry transports us to a place of our own consciousness, and once there, lends us clarity in seeing who and how we are. Our experiences and our lives are mere reflections of all the lives in the world, echos of voices barely noticed, yet filling of the voice that makes us all one. My life is then from all over the world, and the whole world is my life, my experiences, my soul, my being. Poetry, like painting, reflects emotion and a view of the world as it is absorbed and felt, and how it shapes the very psyche of who we are. There is no difference between the expression of words and the expression of painting, or any other form of art; and just as love is the common underlying factor in the human condition, expression, in one form or another, is an irresistible compulsion. It resonates... And becomes the echoes of our souls.

Icarus and Deliverance, we all have a *quasi* instinctive desire to break from encirclement and delimitation. It is in everyone's conscious and subconscious character to question and act upon an improvement of the *status quo*, that is, the "status quo" which discourages innovation and the freedom to dare. Were this spirit which is within us all to be taught rather than inherited or to be fed rather than innate, then we wouldn't have experienced a historic and constant cycle of destruction and renewal, of repression and freedom. Through the mere fact that we are living individuals whose sentience of being a part of a collective as well as being unique, gives us pause to reflect and consider, making us all revolutionaries in search of our betterment, both collectively and singularly, even if faced with certain death. According to mythology, Icarus died seeking new knowledge and freedom. He wasn't happy even with his new found physical freedom, in keeping with what we all possess, he sought more. Our existence and self awareness implores us to seek and to innovate, and in doing so, to be free. It is intrinsic of what it means to be "human".

Havoc and Pain, from destruction, renewal awakens... The havoc of war which continues to plague us has life, and as such, has death. It is a living entity of our own making, in so very stark contrast to our spirit to endeavour and build anew. Is war though, a harbinger of new beginnings? Are hope and freedom to be the children of total destruction? Why does war exist in the first place?

We endure conflict and aggression until we can no longer hold our own impulses toward self preservation or righteousness, nor even toward the cold serving that is revenge!

Fireworks, Torch, the City and Echos of My Heart, from a series of paintings which use the American flag as a point of departure compositionally and as inspiration. The "vertical stripes" theme continues in this composition, which evokes the American Independence Day celebrations in New York City. An abstraction of the events of that day as they occur along the city's riverfront, in front of the Statue of Liberty, during the early evening hours. How do we take a composition of seemingly disparate shapes and colours, and attribute so much symbolism and emotion to it. This is an ode to a place and a people who celebrate despite all that has transpired. It is about rebirth and the spirit of rejuvenation which not only characterizes New Yorkers but Americans, and ultimately all of us as a whole. We are set upon a journey which shapes us into so many varieties and forms and outlooks, yet toward that one common fate. Are we though, once there, destined for something beyond… a rebirth of sorts?

Ophelia and Endless, where Ophelia is a character in Shakespeare's play "Hamlet". She is a young Danish noblewoman, daughter of Polonius, sister of Laertes, and potential wife of Hamlet. He rejects her outright as the play unfolds, but Ophelia clings to the memory of Hamlet treating her with respect and tenderness, and she defends him and loves him to the very end despite his brutality. Her frailty and innocence work against her as she cannot cope with the unfolding of one traumatic event after another. She endures all that she is capable of enduring until she becomes insane, eventually letting herself drown. But even in her delirium she continues to symbolize, to everyone but Hamlet, morality and virtue. And so, her body is carried by the currents of the river, as it eventually and inevitably melds into the ocean beyond and she, into the endless forever. We dwell in the hope and expectation that the journey of human life does not indeed end there.

Towers and Wayward Soul, a work which uses the American flag as a basis for the composition, "Towers" evokes images of skyscrapers as seen in any typical American city. In this instance, perhaps more poignant, is the suggestion of images of the Twin Towers (World Trade Center) in New York City.

Cabanas and I Held You: What I like to refer as the "vertical stripes" series, this composition emphasizes textures and shapes, conjuring images of the often colourful changing huts which can be seen on beaches around the world. Here we can imagine a view of the beach and sky, as seen through a screen of huts (cabanas) in the immediate foreground. Of all my compositions, this one proves perhaps to be my most personal. It takes me back to some of the happiest moments in my life, of lazy afternoons spent at the beachside; of swimming, playing, frolicking, and experiencing life at its very best, especially with my own young family. They were the times when my wife and I were the centre of our sons' universe, moments which now in hindsight, seem so fleeting and evermore cherished. "I Held You" along with "Cabanas" are all about the centre of my own particular universe, my family. Love of family… is there anything more human than that?

Echo and Narcissus and Ocean Dusk, one of the underlying themes of Echo and Narcissus deals with misdirected and frustrated love. In Echo we find a nymph whose object of her deep love, Narcissus, is oblivious to her overtures due to his obsessive love for himself. Her attempts at expressing her love for him are forever frustrated by his profound self-absorption. Even the beauty of a sunset fails to sway him from the obsession of his mind's eye, his own image; he chooses to disdain the worldly gifts of nature's sublimity and true love, which can only exist between two human beings. Vanity is blind, unappreciative, and ultimately oblivious to the stark beauty which surrounds us.

Liberty and the New Order and Behold, this painting describes the new order in the present day, in the era of isolation and populism. These two entities have seen the demise of the influence of the English speaking powers (namely the U.S. and the U.K.) on the world stage. In turn, it also describes the European countries' increasingly independent and self-awareness in light of the vacuum left by the lessening influence of the U.S. and U.K. in the geopolitical and social affairs of the western powers. I've attempted to represent these phenomena by superimposing the recognizable forms of the Union Jack and the Stars and Stripes flags. Their traditional colours however have been substituted with the variety of colours which make up the various European flags, if not of all, of the world's nations. It also deals with the very central issue of immigration and how it is being dealt with today, in stark contrast to the call for diversity as is so aptly put in the famous poem, held so close to "Liberty's" heart, as she calls out: "Give me your tired, your poor, your huddled masses yearning to breathe free, the wretched refuse of your teeming shore. Send these, the homeless, tempest-tossed to me, I lift my lamp beside the golden door!"

In this work, we can discern the partial frontal visage of "Liberty", but we can also see a partial profile of a Native American head, representing the indigenous people of

America. This juxtaposition of flag forms and colours, with stylized images of symbols of openness and conflict, pretends to evoke a statement on how shifting attitudes have influenced (not necessarily for the better) national policy towards foreigners. And yet, why associate a poem about thanking the Almighty for His benevolent love? Surely those teeming masses must have felt grateful to Him for their delivery to the promised land, upon seeing that thin sliver of America, getting bigger with each moment of their ship's approach to New York harbour, with Liberty standing straight and tall, guiding light beckoning and hope held high for all to see. O how you love me so my Father, for having brought me to these shores… You have brought me to a new land and to renewed hope. How you love me so! Even in today's political climate, surely the sentiments of an immigrant as he steps onto coveted soil; the end of one journey and the beginning of another, surely those emotions have not changed.

Deliverance

There was nothing,

Then light,

I awoke,

For this,

Now given,

Life,

Here to behold,

For always,

Until I rest,

Mine,

To be,

To feel,

And to sense,

The freedom to think,

Of the beyond,

And sense the miracle,
In its truest,
And purest,

To see the darkness
in my mind,
Where deliverance is born,

So long as I live,
I am here to think,
For the nothing,

Is not freedom,
But the prison,
That awaits me.

Icarus

Pain

Joy

Is the pain,

That I endure.

When I,

To adversity succumb,

But conceit do see,

Of he,

Whose craft fulfilled,

In proud delight,

With hunger,

Gorged,

Is still emboldened.

Joy
Is that,
I endure!

As worthy foe,
Does fall,
With clasped fist,

Foe of friend,
Nemesis of soul,
Body of ire,

In futile endeavour,
To cusp of hand,
Whose fury has borne.

Joy
Is the eyes,
of vanquished certitude.

That privileged mane,
With sudden sight,
Does feel,

The sorrow,
The torment,
Of the endured,

For triumph,
Finds the pain,
That I hold!

Havoc

Echos Of My Heart

These sinistrous clouds,
Whose rain,

Descends upon my face,
Shall pass,

As yet,
For sounds of the river.

How deep they echo,
Way within my heart,

For I feel comfort,
In the awakening,

That these waters sweet,
Shall wed the vast ocean,

Beyond.

And when these thus do,

Will I embrace,

Your loving face,

Once again...

Fireworks, Torch, the City

Endless

I see,
And I don't see,

That which surrounds me.
An endless life,

Which begins,
And ends,

Within me.
The soul of one,

Whose journey's past,
Beseeches endless life,

To come.
But from within,

To remind me,

Of my eternal,

Mortality.

Ophelia

Wayward Soul

Here we live to,
Seek and conquer.

Of lands far off,
With fist and thunder.

And so,
Fear not wayward soul,

For I speak of the beauty,
Which lies within,

For fear would cleave such pulchritude,
That nascent in language is.

I speak not of fear,
But the beauty,

Of Man,

And his own diversity...

Towers

I Held You

I held you,

I saw you,

In your life's first breath,

I knew you,

My arms still hold you,

Still hold you...

O what mountains,

Had I climbed,

What oceans,

Had I crossed,

To hold you...

Your eyes so deep,

Beheld me,
As the first,

As the second,

As the third,

Your eyes held me,
In your eyes...

Son of mine,
Would that I'd be in you,

Be of you,
Be you,

O son of mine,
Would that you'd forever live!

O son of mine,
I am forever in you,

In your eyes,

I see my fathers,

I see my sons,

Sons of sons of sons,

You are forever,

As I,

I held you,

I know you.

Cabanas

Ocean Dusk

I look across the inky black ocean,
And see a grey cormorant,

Low above the heavy,
Deep swell,

Endless,
Timeless,

Above is the sky,
Soft blue ice,

The clouds take what the sun gives them,
Precious,

Diminishing,
Light,

And as the warmth,
Fades,

The deep mauves,
Of wispy clouds,
On high,

Do whisper,
Their last breath,

As they touch,
The sun,

A fiery rose,
Which ends,

In a dark,
Vermillion orb,

Fire,

Light,

Darkness,

Ice,

All in one,

As I see,

As I feel,

This vast wondrous cavern,

Of which I am a part,

With all the world's beauty,

Before me.

Echo and Narcissus

Behold

'Tis from the heart,

That I say this,

That you have given me,

All that I've ever desired,

That you've answered me,

All that I've ever asked,

You've looked after me,

As I've looked up to you,

I see before me,

And behold a world,

So wonderful that,

Only you could have made,

For such beauty's random not,

And whenever I behold,

Your wonders,

I see only you,

How you love me so.

Liberty and the New Order

For my beloved parents,

Maria de Fátima e Francisco Ramos,

You have my eternal gratitude.

For my family, that special affection and friendship!

To my friends, that special embrace!

To all, my heart!

Fernando Messias

Chapter Two

The Movements of Thought

In this second chapter, Fernando Messias treats the written *Word* as symbolic of movements of thought. It is a treatise based on a trilogy of books, "The Doctrine of the Word," written in 2013. The initial chapter of the first volume is dedicated to exploring the origins of *Word* construction through metaphor and attempts to establish a link between visual art and the written *Word.* It is a philosophical essay regarding human belief, knowledge and communication based in the biblical text of Genesis.

The first of the concepts is called "Humanity" and is related to a painting called "The Myth." This painting was done in acrylic on wood panel. At the centre of this work we can discern a centripetal force, representing an inner light, which draws the attention of the observer.

It is a combined energy of water and earth which is inserted within a delineated space, as if in timeless confinement, but simultaneously absent of time and dimension. The depiction of a sheltered universe together with the multiverses of human creation are represented here. Above this space of “inner light”, stand two anthropomorphic figures studiously watching it, but as outsiders looking in. Movement and strength is meant to be expressed as colours, whose nuclei seek balance and stability, while the energy found at the centre seeks certainty and life. It sits in an approximately 1m x 1m frame.

As in the previous essay entitled, "The First Movement - Humanity", the light of day represents divine light. It is the day and night from which morning and afternoon originate, it is the first movement of the *Word*. That inner divine light is viewed as a light turned upward and outward, just as the ovum focuses within itself at the precise moment of its transformation to Being.

And here, a relationship develops, dividing light from the separating darkness, with the centripetal light emanating from the inside of the frame; “as waters separated by the Earth's firmness, for once parted, are distinguished only from above, of the firmness, from whence arises the afternoon, and the morning, of the second movement, of the *Word*.” the duality of the Creator and the Created, Energy and Stability, Peace and Soul to create Mankind. This cycle of centripetal force and divine light is repeated in perpetuity.

The second of the concepts is “metaphoric movement”, being one of the origins of the construction of the word, “Complexity”, and relates to a painting called “Revelation”. This work was painted in acrylic on wood panel, and deals with complexity, which in turn leads to revelation. Revelation is expressed as something within us, something that emanates from within us and as something complex because it comes from our consciousness. A revelation is a complex phenomenon because it implies the acquisition of knowledge as explored by the senses.

"Revelation" implies a conscious and alchemical grasp of something beyond understanding. It evokes the complexity of what is revealed; as in the complexity of the Human Being, especially when seen within the bounds of life: of beginning and end; of birth and death. The colours and tones express the mystery of life, which is itself a revelation, made up of moments revealed and yet to be revealed. This work expresses itself through the colour and tonality of the screen, the virility of "personalities" competing with one another, and with the non-ethereal colours of the mind being revealed by consciousness. "Revelation" rises up and down, from the outside to the inside, from spirit to matter, through the words, "Higher still he rises, who claims to be lost. In this search, Death awoke restless as never before, *Marih*, the name".

In "Revelation" we see a red rising above and then "falling to the blue below" - fire, sky, water, earth. In the written text, water emerges as ocean, an agitated and divine-spiritual influence; "... water, ocean, salt and hands. Sulfur and earth, as Solomon and *Marih* are so named.

And finally, revelation is also lost in our consciousness, because while revealing itself, it loses itself too, as it becomes entangled in constant subjective searches for the past and for the truth, illustrated in the metaphor: "That familiar straight line that spans your Everything. The View that focused on the past was of little value. I look for the Truth and the *Word* that speaks and tells me who I am. I seek the *Word* and the Truth that tells me where I am going. I look for the Dawn and the Light that rises. I look for the Rule and the Exception that it entails". And so, what is evoked in the tonalities of the painting is that ferver and energy which comes from seeking and undertaking, as described in the final stanza of the poem: "I Seek Where I came. It is my duty to know and my need to undertake. I look for Evolution, with dim voice, and the birthplace of the First Complexity of Thought: Language."

The third of the concepts "metaphor movements from the origins of the construction of the word" is called "Curiosity" and is related to the painting called "The Clown". The painting is executed on a rigid acrylic surface. The underlying idea is the social evolution of man, conscious of his own spiritual evolution as well. The central figure is the "clown" who is all of us in society and in the communities in which we live.

We all want to rise in the "social elevator" and focus on the central aspect of social life: the comfort and luxury of living well and in peace. The city, the labyrinth, the "crow's feet" that represents its ever-growing population, surges around the "clown". Blue fades into a myriad of colours, as reflected in the essay called "The Third Movement - Curiosity". A circle forms in a sharp tone in perfect Silence. As the clown's silence is reflected by the ascending elevator, in which he finds himself, so too is silence represented in the text, where it is shaped by the contemplation of colour. Curiously, the picture gives us a clear distinction between the city and the inhabitant, here represented by the blue and the yellow. The rise of the "clown" represents knowledge, here depicted as a yellow elevator, which appears as ascending from the floor (also in yellow) where the dynamism of knowledge is found. Both are the foundation for the rise of the "clown" in" the city where he builds his place and his “house.” The “truth”, so to speak, as I expressed it in the written text: “truth, a straight and narrow path, coursing between the outer margins of curiosity, open to the gestures and grace of knowledge, it is from here that he must build his house”. But that “house” is also spiritual, with spiritual names, as in the text, where the house is “beautiful, infused with indelible light. Niklots and Nebajoy versus Mariba”.

The fourth concept is called “Consciousness” and relates to the painting, “The Plateau”. It is an acrylic painting on wood panel with hints of sculpture. A small piece of Oak tree is found attached to the surface of the work, marking the uniqueness of the painting, that is, consciousness. In the centre is found a hole, which marks the "Plateau", that is, a place. Diagonally we can see two huge dark blue lines that cross the picture from top to bottom. It is meant as an ode to Leonardo’s “Vitruvian Man”, where the navel represents the stable, unmoving centre and like the “belly button”, carved in the center of “The Plateau”, it conveys both balance and awareness. Beyond the tribute to

Leonardo Da Vinci, the picture has seven copper nails indicating the *Number of Man*. And this is significant, since the entire picture is a tribute to Man and self-awareness.

The large swath of blue represents the force of consciousness, the blue of the sea and the blue of the sky, as reflected in the essay called "The Fourth Movement – Consciousness': Why push if what you want cannot be moved? The Awareness of Error makes you afraid to err. The Consciousness of Love makes you love". Blue is also the word and the silence, as both possess colour, and as I've described: "Between Word and Silence there is almost nothing of almost Everything."

The fifth of the concepts is called "Knowledge" and relates to the painting called "Hercules." It is a painting about one meter square, painted in acrylic expressing the strength of unity, motivation, emotional stability and perseverance. Knowledge is based on the motivation to know, the perseverance to obtain it and the emotional stability to understand it. As in the essay called "The Fifth Movement - The Knowledge, which is scattered, I gather dutifully in perpetual desire for Truth. I aspire to Knowledge." In this painting we can discern a diagonal hatch pattern underlying motions of colour, as if an immense inner strength. Hercules' physical and mental strength is of the type that can only arise where others cannot. "I raise myself and find the way".

Equally, the painting contains the words *Tebeht Rada*, a name emersed in "ardour and zeal" - that name who's whispered form can transform and impress strength, perseverance, motivation and will. Like Hercules who was impelled to demonstrate his strength, through adversity, so in the text, tension is felt in my heart and even if charity were to be extinguished, that strength, much like Hercules', would prevail nonetheless, because hope shall light up my heart and withher charity shall restore itself". *Igne Natura Renovatorum Integra*".

"Choice" is the sixth of the concepts and relates to the painting called "The Argument". It is an equally large painting - almost two meters high, acrylic on wood panel. Three similar figures (which we could also call "Finita Trindade") emanate from the painting in shades of red, black and blue with circular notes of yellow, black and gold. The painting evokes balance and symmetry. It gives us the possibility of choice - we can be either red, or black or blue. All figures represent discourse. One figure for each discourse and the presence of choice which lies in all men.

The essay called “The Sixth Movement - The Choice”. “The formed man with life, was placed to the east, in a garden, in whose centre sits the Tree of Life, among the trees of Good and Evil”.

Just as the three figures of discourse emerge from painting, so in the text arise the trees of good and evil, “You must not feed yourself from the Trees of Duality, Good and Evil, for if you do you shall know the Truth which transcends the finite.”

And finally, a choice was made that we can call "the Choice of Humanity" in which sin dominated the path of Humanity: “Sin dominated Cain and not Abel, and it was Abel who died and not Cain, and God said, if Cain’s revenge was sevenfold, then Lamech's was seventy-sevenfold."

The seventh concept is called "Wisdom" and relates to the painting called "The Mask". It is an acrylic painting on canvas where a huge visage is discerned in the form of a huge mask. The face or the mask seems to move, following our movements as we look at the painting from the front. It takes wisdom to know what is behind the face; for only wisdom gives us this ability, this knowledge of ourselves; as in the Greek aphorism, "know thyself" - the great maxim of Delphi. The mask is not what is behind it and neither is it itself, the mask. The mask lacks life and life belongs solely to those who are behind the mask from which wisdom allows us to attain true knowledge. It is through the metaphor of wisdom that we renew life, as with the "Ark of the Covenant", with the *Word* represented. And as in the essay called "The Seventh Movement - Wisdom, the Built Ark would house the Covenant.... The purest in worship and in duality, all again seated under a New Alliance".

Finally, the eighth of the concepts "metaphor movements of one of the origins of the construction of the word" is called "Silence" and is related to the painting called "The Spherical in the Abyss." It is a similarly acrylic painting where the planet earth is enveloped, first in a ring of immeasurable black matter within a larger ring of white matter. In the centre is Earth. "The Spherical in the Abyss" is a painting of silence, where the sound produced by the movements of the Earth in itself and around the Sun is silenced by the black matter that envelops it. A tribute to Creation and the miracle of Life. This work is smaller than the previous ones, and as written is called "The Eighth Movement – Silence" Create in dutiful and natural craft to conscience in a single commandment. Under the *Word* the image transmits the meaning to it. "If doubt is placed on Creation, it is also placed on Life - It's a miracle when I awake, and when I awake, will I stop being?". And so, this movement of silence completes the seven movements that preceded it.

The First Movement

Humanity

The separate light
of darkness
is divine light!
Is day and night
whence comes?
The afternoon
And morning
Of the first
movement
of the *Word*.

The waters
separated
by the
Earth's firmness,

for once parted,
are distinguished only from above,
of the firmness,
from whence
arises
the afternoon,
and the morning
of the second
movement
of the *Word*.

The waters
arrive
upon land,
the essence
and duality
of life:

land and sea.
From the earth

green appears,
the colour of life,
from where
Comes the afternoon
And the tomorrow
of the third
movement
of the *Word*.

Signs in the sky
emerge
To place
the seasons
and
Moments
of life
that
Illuminate
the land.
From the light,

Of sun, the day reigns,

From the light,

Of moon, the night appears.

The stars

They emerge

in colour

and light.

Reigning

day and night,

light and darkness,

whence they come?

the afternoon

And the morning

from the fourth

movement

of the *Word*.

Land and sea

flooded

were

of life

Created,

multiplied in kind

and purpose,

whence comes

the afternoon

And the morning

from the fifth

movement

of the *Word*.

Which forms

man

In the image

of the Creator,

In his semblance

To whose

domain

land and sea.

Whose nascent

Duality,

Whose multiplicity

arise

and master

land and sea,

Whence comes it?

The afternoon

And the morning

of the sixth

movement

of the *Word*.

Finished

The work

Heaven

and Earth

And to rest

meditate

and contemplate
the Movements
of the *Word*.

And so
Shall do
The new
Word
When
this does perish
or
perish
its likeness
and its image.

The Myth

The Second Movement

The Complexity

Higher

still

He rises,

Who claims

To be lost.

In this search,

Death

awoke

restless

As never before,

Marih,

the name.

Water,

Ocean,

salt and hands.

Sulfur and earth

as *Salomon and Marih*,

are so named.

Atop,

below,

Marih gave way

punishment confessed,

four

By three times.

Symbol created,

Feature redeemed.

The lightest seven,

they seek

To build.

Marih

Surges to

the hub.

Marihnoda

is summoned.

Six

Help her.

The Key

which unites them

mystifies

The possessor

Marih ...

The slash has passed

recalled

in its

All.

The Look

that focussed

To the past

Had little

Worth.

I seek

the Truth

And the *Word*

that speaks and tells me

who I am.

I seek

the *Word*

and Truth

which tells me

where I go.

I seek

the dawn

And the light
which arises.

I seek the Rule
and the Exception
that it entails.

I seek whence I came.
It's my duty
To know
my
Need to undertake.

I seek Evolution,
the descending larynx and the new setting,
which spawned
the First Complexity
of Thought.
Language.

Revelation

The Third Movement

Curiosity

From one colour
To the other,
a myriad
of other shades
rise.

A Circle
forms
in sharp tone
a perfect
Silence.

Know the Circle
and In its
Quadrature

create

Art

And Life.

Truth,
a straight and narrow path,

coursing between the outer margins of curiosity,

open to the gestures and grace of knowledge.

It is from here

That he

Must build his house.

Me
Whom I fear
more than
The other Me

Whom I do not know
And the other Me
To whom I impel
the Imperfect Will
of my Spirit.

Merely feeling,
I feel that
I can feel
Truly.

In Consciousness
I scream from
One through
Nine.

I act
and Reward
In zeal
and Fidelity.

I raise

Walls aware

Of what I

shelter

In things

That serve

me and others

combining

life and soul.

Beautiful house, indelible light.

Niklots

and

Nebajoy

Facing

Mariba.

The Clown

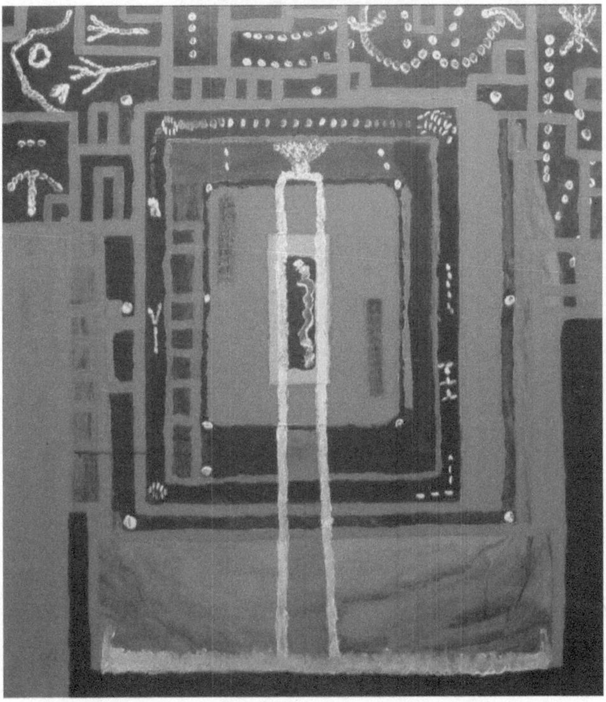

The Fourth Movement

Consciousness

Why Push
if what
you want cannot
be moved?

The awareness
of Error
makes you afraid
To err.

The Consciousness of Love,
makes you love.

Deep inside
of me,

between organs and
blood,
There is one
Soul
that I keep
like mine
Consciousness,
for that
one day,
the body
Shall perish
and only she
Shall remain
without my
Presence.

Fire
teaches me
the doubt
of forms.

The portrait
doubtful
Beautiful
is.

I carry nothing,
because
I do not want.

I left all there
That which I Wanted
in secret
bring,
but even this
mine
Soul
allowed.

Between the Word and the Silence

exist

one almost nothing

almost

All.

The Plateau

The Fifth Movement

The Knowledge

Which is scattered,

I gather dutifully

in perpetual

Desire for

Truth.

I aspire to

Knowledge.

I raise myself,

And find

the way.

I did it with Faith,

Charity

and Hope.
Love
guided me
from hate to beauty,
from pride to Divinity,
from discord to Wisdom,
From power to Honour,
from glory to strength.

Nodabba mulubing,
perfect meeting
hand in hand,
from left to right.
The times
approach,
there is everything to do,
only in the
Interior
Do I
stir.

The time
Has finished,
On the outside.

We should
stay.

Tebeht Rada,
on ardour
and zeal.

The way
is resumed,
And covered.

This tension
that I feel
in my
Heart,
impels me

in hope

to go further

in the light that illuminates

The spirit.

I give of myself for Charity,

as an integral part

of something in love,

in Creation

While Building.

If Charity

died out, Hope

Shall light up my heart

and with her

charity

Shall restore itself.

Igne Natura Renovatorum Integra.

Hércules

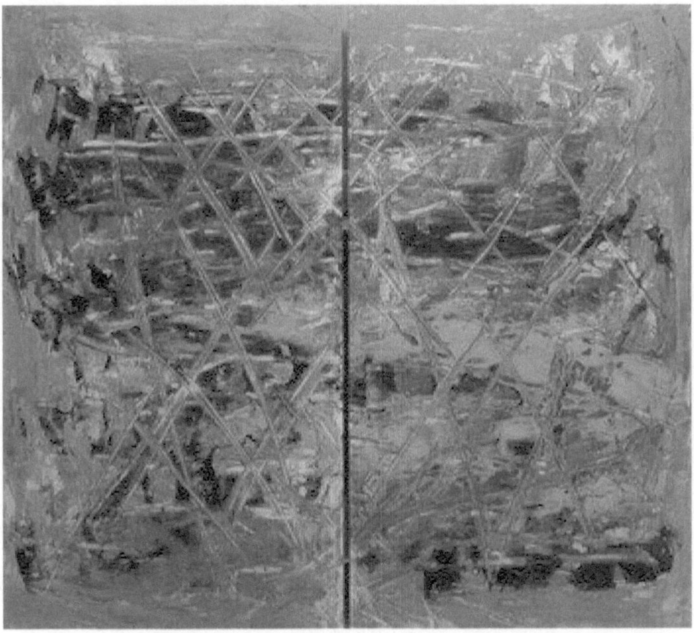

The Sixth Movement

The Choice

From the dust of the earth,
it is said
was man formed,
Whose body,
was to him
given life.

The formed man
With life
was placed
to the East,
in a Garden.

In whose center,
sits the Tree of Life,
among the trees
of Good and Evil.

The Water approached
from the East
Embraced in Four Arms,
Pison,
River of gold,
Gheon,
river of fertility,
Tigres,
river that runs from afar and unites two peoples,
Euphrates,
the name to the east.

The East

was given to man
so that he Meditate,
to develop
and protect
As his own.

You must not feed yourself
from the Trees of Duality,
Good and Evil,
For if you do
you shall know
the Truth,
which transcends
the finite.

The servant
Who joined him

To his own semblance,
Appealing to the whole of creation
As his own,

naming it

and distinguishing it.

To the man

expelled to the East,

was given

the Fountain of Life.

Sin dominated

Cain and not Abel,

Abel died

not Cain,

and God said,

if Cain's revenge was sevenfold,

then *Lamech's* was seventy-sevenfold.

The Premise

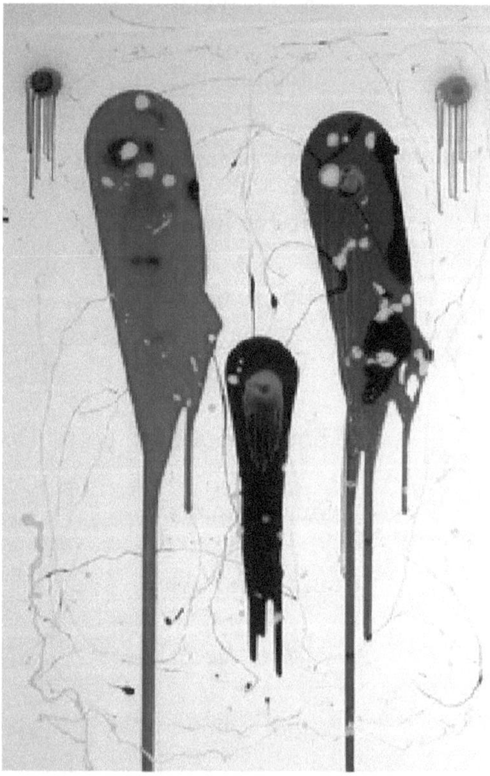

The Seventh Movement

Wisdom

Repentance

arrived with

the evils

of man

and so

ended

the creation.

The Ark Built

would shelter

The alliance.

Purity

and Impurity

together

in *Number*

Unequal Seven

for one,

by its meaning.

The Purest

in Worship

and in Duality

all

again

seated

under a new

Alliance

in the Arc

in the Iris

of the *Word*

Represented.

The Mask

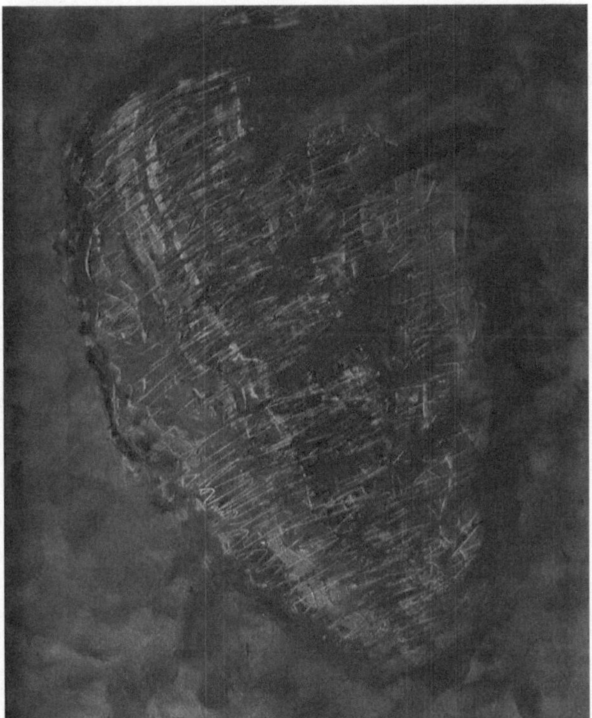

The Eighth Movement

The Silence

Create

in dutiful

And natural craft

To Conscience

in a single

commandment

"Under the Word,

The image seen,

transmits to you

the meaning"

To live

Is the exception

To the rule.

The extinction

confirms

the Existence.

The *Word*

is consumed

in Silence.

The Silence

adorns

the *Word*.

What is the meaning of the line?

At right.

What is the meaning of rectitude?

On high.

The experience

that meets

At the point

is a paragraph

that was extinguished

in the present,

In the past,

symptom of the future.

A wall

erected

Defines the space

and hides

something,

as a

little secret

Of what

It hides,

however little it may be.

If the man

was not

imperfect

He would not have

chosen to kill,

and kill oneself

was that not

the consequence,

And imperfection

not be the cause.

It's a miracle

always

When I awake.

AND

Should I not awake,

will I stop

Being?

The Spherical in the Abyss

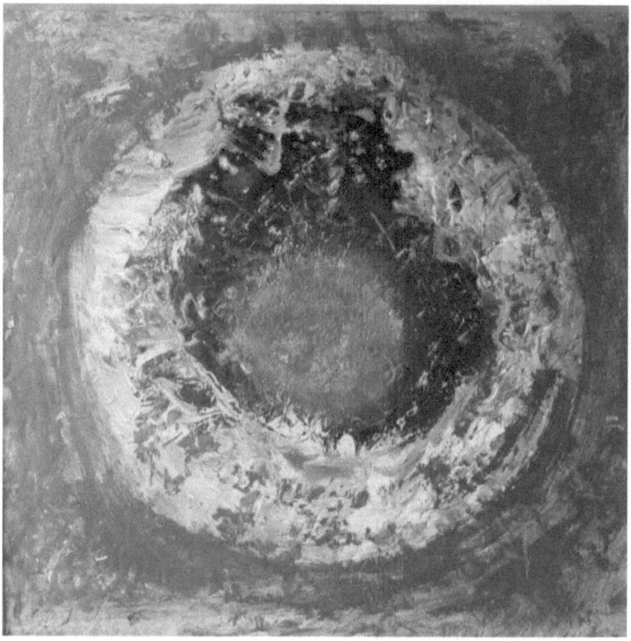

The author

Fernando Messias

Fernando Brás Messias was born in Lisbon. From an early age, intellectual curiosity led him to take refuge in books. As a teenager he devoted himself to reading the great classics of world and national literature, focusing particularly on Fernando Pessoa's work in philosophy, painting and music. As in any other adolescent, perception impelled his search to experience learning and creativity in the creation of worlds. As an adolescent, Fernando perceived the world as his realm, and so he sought to gather tools, emotions and knowledge, through which to interpret the world and beyond via music, literature and painting.

In addition to his intense professional career, Fernando Messias has always maintained a close relationship with the worlds of art, knowledge and science. He holds a bachelor's degree in law, he is a lawyer, mediator, arbitrator, postgraduate degree in Regional Economics and Local Development, postgraduate in Territorial Planning, Urbanism and Tourism Law, graduate in Advanced Studies in Tourism, Diploma in International Arbitration (PGDip), Master of Laws in International Trade Law (L.L.M), legal adviser, researcher, doctorate on Tourism (Ph.D) and Post Doctoral (PostDoc) researcher in Psychology.

He also has several postgraduates and is a facilitator in creative resolution of organizational problems (*Certified Basadur Facilitator - Simplexity System*).

In practicing his profession, Fernando has witnessed, experienced and lived with intensity the world in which he lives, in turn giving rise to the worlds he has created in his own life.

The careful management of time and the realization that human life is limited by time have been the pillars of incentive for him.

He nourishes a deep respect and admiration for people, for nature, for life and for God, which leads him to believe that our life was preordained by a superior being, to whom we owe our humblest and sincere respect. Science, faith and spirituality have been the paths which have led him to the knowledge of the world and to the creation of more and everlasting worlds.

To this day Fernando has lived and experienced life through the eyes of one who explores and creates worlds.

The author

Amadeu Sousa

Amadeu Cardoso de Sousa was born in Barreiro, a heavy industry town located within a cross-river view of Portugal's capital city. At a very early age Amadeu's family emigrated to Canada, where he spent his early and formative years assimilating to a new society, growing up in Toronto. It is a city vibrant with the optimism of youth and opportunity, very much in keeping with the young country that is Canada. This experience has given him the unique opportunity and identity attributed to all immigrants, that of being completely bi-cultural; perfectly comfortable, as in Amadeu's case, with identifying himself as Canadian and as Portuguese. This experience is the foundation of how he defines himself. To him, both are completely interchangeable and in harmony, as he cannot be one without being the other.

Since a young age, he discovered his gift for graphic illustration which has evolved and developed over the course of his life, influencing his imagination and giving him his passion for artistic expression. Throughout his life Amadeu has always been conscious of looking at the world and its wonderment with a view of how it can be shared, and how artistic interpretation and expression is essential to our collective conscience. He has always had a passion for music, painting and, as an avid reader, literature.

"Artists, are mediums through which we can interpret our existence and meaning in the world through new perspectives, thus enriching the diversity of the human condition".

Amadeu's professional background is architecture, urban planning, and design. He studied at the University of Toronto and the Ohio State University, where he earned a Bachelor of Science in Architecture and a Master of Architecture. He is a gifted artist working with various media, concentrating mostly in oils and acrylics. He also writes poetry, preferring "free verse" primarily for its spontaneity; very often turning to poetry as the single available form of artistic release.

Whereas painting requires an often extended gestation period, from initial concept through to canvas and media preparation, to execution and completion, writing is much more immediate and impulsive, which he feels is key to drawing out the emotion needed toward creating something truly meaningful.

New edition

MESSIAS, F., SOUSA, A. *Encounters of Colour and Word – Aesthetic and Philosophical Wanderings in Visual Art*. Portuguese Edition. Cyberwit.net.

HUMAN

O OITO, O TUDO E O NADA: REFLEXÕES DE UNIVERSALIDADE, EQUILÍBRIO E INTEMPORALIDADE

POESIA, PINTURA & ENSAIO

Título: *Human* - o oito, o tudo e o nada: reflexões de universalidade, equilíbrio e intemporalidade / Fernando Messias & Amadeu Sousa.
Poesia, Pintura & Ensaio

Autores: Fernando Messias & Amadeu Sousa

Primeira edição: 2020

Cyberwit.net
HIG 45 Kaushambi Kunj, Kalindipuram
Allahabad – 211011 (U.P.) India
W. http://www.cyberwit.net
E. info@cyberwit.net
T. + (91) 9415091004 + (91) (532) 2552257

Printed at Repro India Ltd.

Este livro segue a ortografia anterior ao Novo Acordo Ortográfico de 1990.

Índice

Introdução

Human

O oito, o tudo, e o nada: reflexões de universalidade, equilíbrio e intemporalidade

O segundo capítulo deste livro trata da *Palavra* como símbolo dos movimentos do pensamento. Esta abordagem tem origem na trilogia intitulada “A Doutrina da Palavra”, “emanando” do primeiro volume (“Construção”) daquele conjunto de livros editados em 2013. O capítulo primeiro daquele primeiro volume dedicado à construção da *Palavra* é denominado de “Dos Oito Movimentos Metáfora de Uma das Origens da Construção da Palavra” e explora a construção da *Palavra* em oito conceitos perspectivas como “movimentos metáfora de uma das origens da construção da palavra”.

Uma abordagem filosófico-ensaística sobre a crença, saber e comunicação humana com origem no texto bíblico de Génesis.

Como redigi no prefácio de autor daquele primeiro volume sobre a construção da *Palavra*, a "forma ensaístico - poética exteriorizada" permite despertar no leitor o desejo de mais conhecer sobre o pensamento de cada um dos variados temas e autores tratados nos três volumes. Neles, é fornecido ao leitor um primeiro contacto com os oito movimentos doutrinários na Construção da *Palavra* (Humanidade, Complexidade, Curiosidade, Consciência, Conhecimento, Escolha, Sabedoria e Silêncio), com a construção doutrinária da *Palavra* e do *Número*, com o conceito doutrinário da *Palavra* (constructo), com o movimento do pensamento, com a desconstrução doutrinária da *Palavra* (Desumanidade, Simplicidade, Desinteresse, Inconsciência, Desconhecimento, Coacção e Insensatez) e com a *Palavra*. De facto, os oito movimentos doutrinários na construção da *Palavra* que à data cogitei mantém-se inalterados volvidos sete anos sobre aquele trabalho literário - e mantém-se inalterados no presente, como se mantiveram no pretérito, à data da sua concepção e, como, em princípio, *ceteris paribus*, manter-se-ão no futuro. A Humanidade, Complexidade, Curiosidade, Consciência, Conhecimento, Escolha, Sabedoria e Silêncio, constituem a construção da *Palavra* na perspectiva que a indiquei naqueles textos e a sua subjectiva interiorização, invariância e compreensão apenas se alcança com a "desconstrução doutrinária da *Palavra* (Desumanidade, Simplicidade, Desinteresse, Inconsciência, Desconhecimento, Coacção e Insensatez)" e com o constructo da *Palavra* – todavia neste trabalho apenas se revelam os oito movimentos da *Palavra*.

Pelo que neste livro, a *Palavra* surge no segundo capítulo como a essência dos movimentos do pensamento, essência essa igualmente apreendida através da imagem, neste caso, através dos trabalhos visuais presentes em ambos os capítulos do livro.

No primeiro capítulo, o autor Amadeu Sousa traça um percurso subjectivo sobre os estados da alma, capítulo denominado de "Ecos da Alma".

No segundo capítulo os estados da alma já são abordados numa perspectiva de movimento e daí a sua denominação de “Os Movimentos do Pensamento”.

Esta conjugação de perspectivas e análises sobre algumas das fundamentais essências da vida humana (as essências da alma e da emoção por um lado e as essências do coração e do pensamento por outro lado) têm por objectivo permitir ao leitor exercitar a sua liberdade e criatividade concomitantemente à tomada de contacto com as perspectivas e pensamentos dos autores deste livro. Ambos os capítulos são de imagem, cor e *Palavra*. Ambos se constituem pela forma escrita e pela aparência visual. Poesia e Pintura. Ensaio e Pintura.

Nada na vida é por acaso. O acaso surge porque algo superior ao acaso o determinou. Se por um lado, a poesia, a reflexão, o ensaio e o pensamento sedimentam compreensão e despertam curiosidade, a pintura e a imagem desafiam emoção e sentimento. Em todas estas formas de expressão e arte coexiste alma e pensamento. Emoção e coração. E este livro trata disto mesmo: da alma, do pensamento, da emoção e do coração.

Prefácio

"Para se ser sábio, oiça não a mim mas à Palavra,

e, saiba que tudo é um."

- Heráclito

Quando recebi o convite do meu caro amigo Amadeu Cardoso de Sousa, para escrever algo sobre o seu livro, fiquei profundamente honrado. Depois de ler e pensar sobre o tema, considerei reflectir sobre a difícil e interessante tarefa de interpretar o mundo através da pintura e da poesia, do que tentar explicar o que isso significa especificamente. Acredito que qualquer tentativa séria de explicar a universalidade, o nada, e a intemporalidade, através de diferentes textos tem um mérito especial, enraizada numa tradição filosófica clássica. "Human", de Amadeu Sousa e Fernando Messias, procura traçar algumas linhas de análise sobre o que irei enquadrar como hermenêutica ou seja, a interpretação de textos e, em particular, no que os autores concebem como problema hermenêutico do que o "sentir" se situa diante da interpretação; de discursos, pintura e poesia, partindo desta ideia, estabelecem um diálogo com as suas obras sobre a tradição, que implica a compreensão de palavras e conceitos que o Ser, ou a essência humana, e seu ambiente implicam.

Portanto, os autores recordam a contribuição para a ligação entre diferentes interpretações mediáticas para a construção de referências que dão sentido à criação do conhecimento e do mundo. Essa visão particular é ao mesmo tempo descoberta e encobrimento, de modo que requer interpretação, e tem um significado que vai além do texto, um sentido oculto à visão directa e ao qual é o acesso à universalidade, pela interposição da imagem e a metáfora (Garagalza, 2006: 180).

Quando e onde nasceu a consciência hermenêutica na filosofia do Ocidente? Desconhecemos a origem dessa consciência mas no entanto podemos propor um ponto de partida hipotética baseado naquilo que sabemos. Desde a inquietação de Heraclito até ao presente, tem havido a necessidade de investigar e compreender a correspondência que permanece entre a linguagem e o Ser que, “não é mais uma identidade imediata, mas mediada e, por assim dizer, oculta; aceita-se que a reflexão sobre o “logos” da linguagem como um todo pode mostrar o “logos” da totalidade na evolução do cosmos” (Garagalza, 2006: 180).

O homem desenvolveu estas características espirituais durante a sua história, quais o uso comum da linguagem é conhecido como as ciências do homem, a história, a cultura e a sociedade; estes constituem a realidade que tentamos não dominar, mas sim entender. O Fernando e o Amadeu propõem um método de valorizar as várias expressões artísticas das quais o pensamento é usado para resolver as suas tarefas. É uma posição histórico-crítica dentro do corpo dessas ciências, mas deve-se esclarecer que, ao considerar um discurso cujo sujeito é a própria humanidade e a natureza do conhecimento, o problema hermenêutico está implícito aqui, sabendo distinguir entre o verdadeiro discurso e o discurso vazio.

Este texto por exemplo, enquadra-se ao problema da compreensão, implicada nas formas que a comunicação humana assume, das suas múltiplas expressões no discurso e em imagens, em gestos e em coisas fabricadas, que é então a ciência do espírito (*Geisteswissenschaften*); assim sendo a nossa mais adequada maneira de colocar as questões sobre a compreensão e a interpretação: e como estamos no nosso próprio terreno e imersos nele, e na tradição, no mito, sempre imersos na nossa própria história, que queremos entender; de tal forma que a questão adquire uma forma particular.

Theagenes de Rhegium defende Homer dos ataques racionalistas efectuados depois de apresentar a "Ilíada", como um comportamento escandaloso dos deuses, contrariando o cânone ético Grego de comportamento cívico e cotidiano, argumentando que Homero faz uso de um modo enigmático de expressão, usando uma linguagem poética que se refere a verdades profundas, que a literatura contem um significado oculto, por referência alegórica. Tal linguagem alude e revela as verdades profundas e ocultas através dum véu de metáforas e um pretexto de imagens plásticas. Assim, o mito é visto como uma linguagem criptografada que encobre um conhecimento profundo que deve ser interpretado e decifrado.

A prática da interpretação alegórica dos mitos consistia, portanto, em encontrar algo mais profundo por detrás do significado literal.

O sentido chocante ou absurdo do sentido imediato é apenas uma indicação de um sentido alegórico para o entendimento essencial do leitor, o observador ou o ouvinte.

A necessidade de uma reflexão explícita sobre a explicação, sobre a ocorrência primária da linguagem como interpretação ou como reprodução do pensamento, deve-se ao facto de que não há nada mais humano do que a experiência fascinante do incompreensível.

Roland Barthes, no seu estudo das mitologias modernas, mostra a existência de uma estrutura dupla significativa no mito, como na imagem poética ou pictórica, o plano literal é apenas uma figura metafórica que serve como um meio de transmitir um significado "oculto" ou conhecimento, um segundo plano de significado, que ele chama de metalinguagem. Ou seja, o mito tem um significado implícito diferente do significado explícito, presente na sua literalidade. O mito é abordado, seja em texto ou em forma de imagem, como uma estrutura significativa que pede para ser interpretada.

A hermenêutica filosófica mostrou que, inevitavelmente, ao interpretar um discurso ou qualquer fenómeno social ou natural, todo o intérprete projecta as suas categorias de pensamento sobre o que está sendo interpretado; assim, não existe, nem pode existir um "ponto de vista objectivo neutro e desinteressado". Heidegger ataca esse preconceito como o mais pernicioso da investigação, juntamente com o enquadramento do sujeito-objecto, a ênfase da pretensão de um observador isento de perspectiva. O humano será sempre situado num mundo específico, guiado por um tipo particular de pensamento próprio do seu horizonte cultural, construído socialmente e historicamente.

Gabriel Esquível

(Professor Associado da Faculdade de Arquitectura da Universidade do Texas A & M)

Para os meus filhos,

Daniel, Giordan, David e Sérgio.

Para a minha mulher, Marianne.

Vocês são o meu pequeno pedaço da humanidade...

e uma grande parte de mim...

Amadeu Sousa

Capítulo Um

Ecos da Alma

Este primeiro capítulo é apresentado e sondado pelo autor Amadeu Sousa e trata das observações que são encontradas no dia-a-dia, momentos aparentemente prosaicos, mas que se revelam mais interessantes, especialmente na percepção de que estamos aqui neste mundo por um só momento no tempo, afirmando a expressão que "a vida são dois dias".

Janus é o mais antigo dos deuses Romanos, abrangendo começos e fins - portais para o que está para vir e o que deixámos para trás. O deus de duas faces; de duas visões, que vê a dualidade que é a vida e que representa a nossa capacidade única de ver a vários níveis e de sentir o que não podemos ver e o que ainda está por vir.

Assim a poesia leva-nos numa jornada e ajuda a ver com maior clareza o nosso relacionamento com o nosso mundo interior, o mundo que por vezes está para além da nossa visão. A poesia transporta-nos para um lugar da nossa própria consciência, e uma vez lá, dá-nos claridade no ver de quem somos. E então, a minha experiência e a minha vida, é um mero reflexo de todas as vidas do mundo, um eco de uma voz quase imperceptível entre as vozes que fazem de todas, uma. As vidas de cada um de nós pertencem ao todo o mundo, e todo o mundo faz parte das nossas vidas e experiências, das almas e dos seres, de cada um de nós. A poesia, assim como a pintura, reflecte a emoção e a visão do mundo como ele é absorvido e sentido, e como ele molda a própria psique. Não existe diferença entre a expressão através da palavra, da pintura ou de outra qualquer forma de expressão artística; e assim como o amor é o factor inerente comum na condição humana, a expressão é um impulso irresistível. Ressoa... E torna-se o eco das nossas almas.

"Ícaro" e "Libertação", todos nós temos um desejo quase instintivo de romper com o cerco e a delimitação. É do carácter consciente e subconsciente de todos a questionar e agir sobre uma melhoria do "status quo", ou seja, o "status quo" que desestimula a inovação e a liberdade de ousar. Se este espírito, que está dentro de nós, fosse ensinado em vez de inerente alimentado, em vez de inato, então não teríamos vivido um ciclo e constante de destruição e renovação, de repressão e liberdade. Vivemos como indivíduos conscientes de fazer parte de um colectivo, em busca do aperfeiçoamento. O Ícaro morreu em busca de novos conhecimentos e da liberdade. Mesmo tendo a sua liberdade física, ele quis mais. A nossa existência e autoconsciência nos implora a buscar a inovação e, ao fazê-lo, de sermos livres. É inerente no significado de ser "humano".

A "Destruição" e "Dôr"... dos destroços da destruição a renovação desperta; o renascimento; a esperança... o caos da guerra que continua a atormentar-nos tem vida e, como tal, tem morte. É uma entidade viva da nossa própria autoria, simultâneamente sendo um enorme contraste ao nosso espírito de construir de novo. Será que a guerra seja de facto, um prenúncio de novos e eventuais começos; uma limpeza, e então a esperança e a liberdade sendo filhos da destruição total? Porquê é que a guerra existe em primeiro lugar? Somos levados de um modo resiliente a tolerar o conflito e a agressão até a um determinado limite ao ponto de renunciarmos à retaliação e rechaçar a vingança! E depois?

"Fogos de Artifício, Tocha, a Cidade" e "Ecos do Meu Coração", em que a tela provém de um conjunto de pinturas que adoptam a bandeira dos EUA como ponto de partida composicional e como inspiração. O tema "Faixas Verticais" continua nesta composição, que evoca as celebrações do "Dia da Independência" Americana, em Nova Iorque. Uma representação dos eventos do dia em que ocorrem ao longo da frente ribeirinha da cidade, em frente à "Liberty", a Estátua da Liberdade, durante as primeiras horas da noite. Como é que podemos compôr uma série de formas e cores aparentemente divergentes e então atribuí-las simbolismo e emoção? E é assim que existem símbolos como por exemplo, "bandeiras".

O que temos aqui é uma ode a um lugar e um povo que celebra apesar de tudo o que aconteceu na história há cerca de duzentos anos. É sobre o renascimento e o espírito de rejuvenescimento que não apenas caracteriza os Nova-Iorquinos, mas também os Americanos e em última análise, todos nós como cidadãos do mundo. Temos um destino comum, e a jornada que nos molda de tantas variedades e formas e perspectivas, será sempre o grande equilibrador da raça (humana). Será que, uma vez lá, estamos destinados a algo além de um renascimento?

A "Ofélia" e "Sem Fim", sendo a Ofélia uma personagem da peça "Hamlet" do Shakespeare. Ela é uma jovem da nobreza Dinamarquesa, filha de Polónio, irmã de Laerto, e noiva do Hamlet. Ele a rejeita logo no princípio da peça, mas a Ofélia dedica-se à memória de quando o Hamlet a tratava com respeito e ternura, e por isso ela defende-o e ama-o até o fim, apesar da brutalidade dele. A sua fragilidade e inocência trabalham contra ela, pois ela não consegue lidar com o desdobramento de um evento traumático após o outro. Ela suporta tudo o que é capaz de suportar até ao momento de enlouquecer, eventualmente render-se às circunstâncias e deixando-se afogar. Mas mesmo no seu delírio, a Ofélia continua a simbolizar, para todos, menos o Hamlet, a moralidade e a virtude. E assim, o seu corpo é transportado pelas correntes do rio, onde eventualmente e inevitavelmente se funde no oceano, no infinito. Vivemos na esperança e na expectativa de que a jornada da vida humana não termine na morte, mas que continue.

Em "Torres" e "Alma Rebelde", onde a tela usa a bandeira Americana como base para a composição da série, "Faixas Verticais". "Torres" evoca imagens de arranha-céus como visto em qualquer cidade típica Americana. Neste caso, e talvez mais comovente, é a sugestão das imagens das Torres Gêmeas (*World Trade Center*) em Nova Iorque naquele dia traumático em Setembro.

Com "Cabanas" e "Eu Segurei-te", a tela faz parte do que eu gosto de referir como a série "Faixas Verticais". Esta composição sugere texturas e formas, evocando imagens das várias coloridas cabanas que podem ser vistas nas praias pelo mundo fora. Aqui podemos imaginar uma cena de praia e céu, visto entre uma fila de cabanas no primeiro plano. De todas as minhas composições, esta talvez me toca mais que as outras. Ela leva-me de volta aos momentos mais felizes da minha vida, de tardes preguiçosas passadas na praia; de banhos no mar, brincar e de viver a vida no seu melhor, especialmente com a minha própria jovem família. Eram os tempos em que eu e a minha mulher, a Mariana, éramos o centro do universo dos nossos filhos, momentos que agora, quando recuo no tempo, julgam-se fugazes mas sempre queridos. “Eu Segurei-te”, juntamente com "Cabanas" têm a ver particularmente com o centro do meu próprio universo, os meus filhos, a minha família. Amor de família... existe algo mais humano que isso?

A “Eco e O Narciso” e “O Crepúsculo do Oceano”, são temas que lidam com o amor mal empregue e frustrado. Em Eco, encontramos uma ninfa cujo objecto do seu profundo amor, o Narciso, mantem-se alheio às suas súplicas devido ao seu amor obsessivo por si mesmo. As tentativas dela de expressar o seu amor por ele estarão frustradas para a eternidade. Mesmo a beleza de um pôr-do-sol não o afasta da obsessão dos olhos de sua mente: a sua própria imagem. Ele desprezará os dons da sublimidade da natureza e do verdadeiro amor dos seres humanos. A imensa vaidade dele é cega, pouco apreciativa e, por fim, alheia à beleza que nos rodeia.

"Liberty e a Nova Ordem" e "Eis", em que a pintura descreve uma nova ordem nestes dias actuais, sendo da era de isolação e do populismo. Estas entidades viram o desaparecimento da influência dos poderes de expressão inglesa (nomeadamente os EUA e o Reino Unido) no mundo. Por sua vez, também descreve a consciência e o potencial, mas frágil, ascendência dos países Europeus, à luz do vácuo deixado pela queda dos EUA e do Reino Unido nos assuntos políticos e sociais do Ocidente. Estes acontecimentos são representados com as formas mais reconhecíveis da bandeira Britânica e a dos EUA. As suas cores tradicionais, no entanto, foram substituídas pela variedade de cores que compõem as várias bandeiras das nações da Europa, e mesmo, do mundo. Também lida com a questão muito central da imigração e como ela está sendo tratada hoje, em contraste com o apelo à diversidade, como é escrito no famoso poema, tão próximo do coração da "Liberty".

"Dá-me os teus cansados, os teus pobres, as tuas massas amontoadas desejosas de respirar livres, o miserável refugo das tuas praias abundantes. Mandem estes, os sem-abrigo, jogados contra a tempestade para mim, eu levanto a minha lâmpada ao lado do portão dourado!"

Nesta obra, podemos discernir o rosto parcial da "Liberty", sendo o nome próprio da estátua, e também podemos ver um perfil parcial de um indígeno Americano, representando os povos indígenos da América. Essa justaposição de formas e cores de bandeiras, com imagens estilizadas de símbolos de abertura e conflito, pretendem evocar a diferença que as atitudes têm tido na política nacional relativo aos estrangeiros. E, no entanto, porquê associar um poema sobre o agradecer ao Todo-Poderoso por o seu amor benevolente? Certamente, aquelas massas lotadas devem ter se sentido gratas a Ele, por a sua libertação na terra prometida ao ver aquela fina lasca da América, ficando cada vez maior com cada momento da aproximação das suas embarcações ao porto de Nova Iorque. E a "Liberty" antecipando, a guiar da sua luz, acenando com a esperança erguida para todos verem.

"Ó, como o Senhor me ama por me ter trazido a estas praias ... Graças a Ele que me trouxe para uma nova terra, para renovar a esperança. Como o Senhor me ama tanto!"

Apesar da política, a cultura, as crenças, a história ou a religião de certos países, certamente serão estes os sentimentos dum migrante ao pisar o cobiçado solo; o fim de uma jornada e o começo de uma outra – e muito provavelmente essas emoções ainda se mantém inalteradas.

Libertação

Não havia nada,
Então luz,
E acordei,

Por esta,
Agora dado,
Vida,

Aqui para ver,
Eternamente,
Até me descansar,

Meu,
Ser de estar,
De sofrer,
Pra sentir,

A regalia de pensar,

Do além,

E sentir o milagre,

No seu mais verdadeiro,

E mais puro,

Para ver a escuridão,

Na minha mente,

Onde a libertação nasce,

Enquanto vive,

Aqui para pensar,

Do nada,

Donde a libertação não existe,

Mas sim a prisão,

Que me espera.

Ícaro

Dôr

A alegria,

É a dôr,

Que eu aguento.

Quando eu,

Para a adversidade sucumbo,

E vejo a vaidade,

De quem,

Cujo desafio,

No seu alcanço.

De quem a fome,

Saciada,

Ainda querendo mais.

A alegria,

É que,

Eu aguento!

E enquanto digno adversário,

Cai,

Com punho fechado.

Em esforço fútil,

Por o cúspide da minha mão,

Cuja fúria aturou.

O inimigo do meu amigo,

A nêmesis da minha alma,

O objecto da minha ira.

A alegria,

são nos olhos,

Que o vencido,

De crina privilegiada,

Com visão repentina,

Sente.

A tristeza,

O tormento,

Do suportado.

E o triunfo,

Encontrará a dôr,

Que eu seguro!

A Destruição

Ecos do Meu Coração

Estas nuvens escuras,

Cuja chuva

Sobre o meu rosto

Passarão

Como os sons do rio.

Ecoam no meu coração,

Enquanto sinto o conforto,

No ver,

Que essas águas doces,

Misturarão com o vasto oceano,

Além.

E quando assim acontecer,

Haverei de tocar,

O teu amado rosto,

De novo.

Fogos de Artifício, Tocha, a Cidade

Sem Fim

Eu vejo

E eu não vejo,

O que me rodeia.

Uma vida sem fim

Que começa

E termina,

Dentro de mim.

A alma de um ser

Do qual jornada passada,

Suplica para uma vida sem fim,

Que venha.

Mas de dentro

Para me lembrar

Da minha eterna

mortalidade.

Ofélia

Alma Rebelde

Aqui vivemos à
Procura e conquista.
De terras distantes,
Com punho e trovão.
E então,
Não tenha medo da alma rebelde
Porque falo da beleza que está dentro
Pois o medo iria apegar tal pulcritude,
Que nascente de língua é.
Não falo do medo
Mas da beleza
do homem,
Da sua própria diversidade …

Torres

Eu Segurei-te

Segurei-te,

Vi-te,

No primeiro sopro de tua vida,

Eu conheci-te,

Os meus braços ainda abraçam-te,

Ainda seguram-te…,

As montanhas,

Que tinha escalado,

Os oceanos,

Que tinha atravessado,

Para segurar-te ...,

Os teus olhos de profundezas,

Viram-me,

Como o primeiro,

Como o segundo,

Como o terceiro,

Os teus olhos seguraram-me,
Nos teus olhos...,
Filho meu,
Estarei sempre em ti,
Ser de ti,
Ser a ti,
Filho meu,
Que vives para sempre!
Filho,
Viverei sempre em ti,
Nos teus olhos,
Eu vejo os meus pais,
Eu vejo os meus filhos,
Filhos de filhos de filhos,
Tu serás sempre,
Como eu serei,
Segurei-te,
Eu conheço-te.

Cabanas

O Crepúsculo do Oceano

Eu olho através do oceano de tinta preta,

E vejo um Cormorão cinza,

Baixando acima do pesado,

Inchamento de profundidade,

Sem fim,

Eterno,

Acima é o céu,

Gelo azul e suave,

As nuvens tomando o que o sol lhes dá,

Precioso,

Diminuindo,

Luz,

E, como o calor,

Desvanece,

As malvas profundas,

De nuvens emplumadas,

Em alta,

Faça sussurrar,

O Seu último suspiro,

Como eles tocam,

O sol,

A Rosa impetuosa,

Qual,

Termina em um escuro,

Orbe vermelhão,

Fogo,

Luz,

Escuridão,

Gelo,

Tudo em um,

Como eu vejo,

Como eu sinto,

Esta vasta caverna maravilhosa,

Da qual eu sou uma parte,

Com toda a beleza do mundo,

Acarar-me.

A Eco e o Narciso

Eis

Eis

O que me deste,

Tudo o que já desejado,

Que me respondeste,

Tudo o que já pedi,

Que me cuidaste,

Quando olhei para Ti,

Vejo diante de mim,

Eis

um mundo,

Tão maravilhoso que,

Só Tu o poderias ter criado,

Porque tal beleza do acaso não,

E sempre que
As contemplo,

As Tuas maravilhas,

Só vejo,

Como me amas tanto.

Liberty" e a Nova Ordem

Para os meus amados pais,

Maria de Fátima e Francisco Ramos,

o meu sempre perpétuo obrigado.

Para a minha família, aquele carinho e amizade!

Para os meus amigos, aquele abraço!

Para todos, o meu coração!

Fernando Messias

Capítulo Dois

Os Movimentos do Pensamento

Este segundo capítulo é apresentado e tratado pelo autor Fernando Messias e trata da *Palavra* como símbolo dos movimentos do pensamento. Esta abordagem tem origem na trilogia do livro "A Doutrina da Palavra", designadamente é proveniente do primeiro volume ("Construção") daquele conjunto de livros editados em 2013. O capítulo primeiro daquele primeiro volume dedicado à construção da *Palavra* é denominado de "Dos Oito Movimentos Metáfora de Uma das Origens da Construção da Palavra" e explora a construção da *Palavra* em oito conceitos perspectivados como "movimentos metáfora de uma das origens da construção da palavra". Uma abordagem filosófico-ensaística sobre a crença, saber e comunicação humana com início no texto bíblico de Génesis.

Os oito conceitos assim perspectivados como "movimentos metáfora de uma das origens da construção da palavra" encontram neste capítulo a ligação à arte visual – concomitantemente, em cada um deles, a conexão entre o ensaio escrito e a arte visual.

O primeiro dos conceitos "movimentos metáfora de uma das origens da construção da palavra" denomina-se de "Humanidade" e relaciona-se com a pintura denominada de "O Mito". Esta pintura foi concebida sobre superfície rija – acrílico sobre madeira. No núcleo do quadro visiona-se uma força centrípeta, uma "luz" interior, que atrai a atenção para o centro do quadro. Uma força água e terra simultaneamente. Esta força encontra-se inserida dentro de um espaço delimitado como se estivesse no interior de uma tenda intemporal, sem tempo e sem espaço. Uma tenda do universo e dos multiversos da Criação Humana. Acima deste espaço sobressaem alguns olhares e figuras semi-humanas que miram aquela força de fora para dentro. O quadro imprime movimento e força. As cores que o formam procuram o equilíbrio e a força que existe no seu centro procura estabilidade, energia, certeza e vida. Em termos de volume trata-se de um quadro rectangular com cerca de um metro.

Assim, tal como no texto ensaístico denominado de "O Primeiro Movimento – A Humanidade" em que a "luz separada das trevas é luz divina!", é "dia e noite de onde surge a tarde e a manhã do primeiro movimento da Palavra", assim também no quadro se visiona aquela "luz" interior, aquela força centrípeta, cargueja, que separada dos olhares que a visionam e protegida dentro daquela tenda divina onde as forças se unem e propagam para o exterior, tal como o ovo se concentra em si mesmo para agir no seu exterior quando se aproximar o momento da transformação do Ser - assim, igualmente a relação entre a luz divina, separada das trevas, da "luz" centrípeta que emana do interior do quadro. Por outro lado, tal como no ensaio-poema, as "águas separadas pela terra firme, pois só separadas se distinguem de cima, do firmamento, de onde surge a tarde e a manhã do segundo movimento da Palavra" no quadro a tenda que separa os olhares do centro do quadro é separação por forma a acentuar as diferenças entre o Criador e o Criado, entre a Energia e a Estabilidade, entre a Paz e a Alma. E tal como no ensaio-poema, que "criada a Dualidade, a sua multiplicação surja e domine terra e mar, de onde surge a tarde e a manhã do sexto movimento da Palavra", no quadro, criada a Humanidade pela força centrípeta, a dualidade do Homem permitirá a multiplicação de onde surgirá "a tarde e a manhã do sexto movimento da Palavra" e somente "se fará nova *Palavra* quando esta pereça ou pereça a sua semelhança e imagem", tal como no quadro, somente se fará nova Humanidade quando a anterior pereça ou pereça a força centrípeta existente no centro do quadro.

O segundo dos conceitos "movimentos metáfora de uma das origens da construção da palavra" denomina-se de "Complexidade" e relaciona-se com a pintura denominada de "Revelação". Esta pintura foi concebida igualmente sobre superfície rija, madeira, pintada em acrílico. Revelar algo implica complexidade. A revelação, como algo interior a nós, algo que emana de dentro de nós, é algo complexo porque se revelou à nossa consciência.

A revelação é um fenómeno complexo, imanente. Implica exponencialmente mais que o conhecimento explorado pelos sentidos. Implica uma apreensão consciente, alquímica e subconsciente de algo superior ao entendimento. A pintura "Revelação" evoca precisamente isto: a complexidade do que é revelado; a complexidade do Ser Humano, a complexidade do nosso Estar perante a finitude do Ser. As cores e as tonalidades expressas no quadro revelam esse mistério da vida que é a "Revelação" – algo que está por acontecer e aconteceu em determinado momento; a imanência do espírito. Revelou-se pela cor e pela conjugação da tonalidade na tela. A força dos vermelhos com os azuis, o jogo esbatido e desmaiado das "personalidades" das cores no "etéreo" da mente revelado pela consciência. Trata-se de uma pintura de dimensões assinaláveis com cerca de metro e meio de largura e metro de altura.

Assim, tal como no texto ensaístico denominado de "O Segundo Movimento – A Complexidade", a "revelação" surge de cima para baixo, do exterior para o interior, do espírito para a matéria, através das palavras "mais alto aquela que surge, diz-se perdida", "nessa busca, a Morte despertou inquieta, mais que nunca, *Marih*, o nome", assim no quadro surge a "revelação" pelo vermelho em cima a "cair" para o azul mais abaixo – fogo, céu, água, terra. No texto escrito, a água emerge como oceano, agitação e influência divino-espiritual, extraído pelo seguinte sentido do texto: "Água, Oceano, sal e mãos. Enxofre e terra *Salomon* e *Marih*, os Nomes.", "Em cima, em baixo, *Marih* deu lugar castigo confesso, quatro por três vezes", "Símbolo criado, unidade remida. Sete mais leves, buscam a construção". Esta a complexidade da construção e da revelação dessa construção. Palavras e nomes que parecem incompreensíveis, encriptados, ocultos, não decifrados e por vezes quase que sussurrados ... *Salomon* e *Marih.* Certamente. Todas estas palavras e nomes são-no pela complexidade própria da "Revelação" – e como no ensaio onde se diz a "Chave que os une mistifica o possuidor *Marih*...". E por fim, a revelação, que sem se deixar perdida nas nossas consciências (porque ao revelar-se perde-se) enreda-se nas constantes subjectivas procuras, no pretérito e na busca da verdade, tal como na metáfora em que concluo o poema-ensaístico: "A recta passou conhecida no seu Todo. O Olhar que fixou o passado de pouco valeu. Procuro a Verdade e a *Palavra* que fala e me diz quem sou. Procuro a *Palavra* e a Verdade que me diz para onde vou. Procuro o Amanhecer e a Luz que desponta. Procuro a Regra e a Excepção que ela comporta". E assim, a energia impressa nas tonalidades do quadro, é energia contida na procura e no dever de empreender, tal como descrito na estrofe final do poema-ensaístico: "Procuro de Onde vim. É meu dever conhecer e minha Necessidade empreender. Procuro a Evolução, a laringe descida e a nova localização, que produziu a Primeira Complexidade do Pensamento. A Linguagem".

O terceiro dos conceitos "movimentos metáfora de uma das origens da construção da palavra" denomina-se de "Curiosidade" e relaciona-se com a pintura denominada de "O Palhaço". O quadro é pintado sobre superfície rígida em acrílico. Uma vez mais, sobre madeira. A ideia subjacente é a da evolução social do Homem, mas ele, próprio, igualmente consciente da sua evolução espiritual. A figura centrada no quadro é o "palhaço", isto é, metaforicamente o homem social e comunitário empreendedor e errante. Naturalmente pretendemos ascender no elevador social e centrarmo-nos confortavelmente no aspecto central da vida social: o conforto e o luxo de viver bem e em paz. Em toda a volta do "palhaço" surge a cidade, o labirinto, as "patas de galinha" que representam o número cada vez maior da população na cidade. O azul esbate-se numa miríade de cor, tal como o reflecti no texto ensaístico denominado de "O Terceiro Movimento – A Curiosidade" quando escrevi que de "uma cor à outra, uma miríade de outros tons se Elevam. Um Círculo se forma em tom sustenido num perfeito Silêncio". E tal como no quadro em que o silêncio do "palhaço" é reflectido pelo elevador onde ele se encontra, ascendendo, no texto, o silêncio é formado pela contemplação da cor. Curiosamente, o quadro fornece-nos uma distinção clara entre a cidade e quem a habita, o azul e o amarelo. A ascensão do "palhaço" assenta no conhecimento representado no quadro pelo elevador, a amarelo, que surge assente num pavimento dinâmico, igualmente a amarelo, que representa a dinâmica do conhecimento. Ambos, são o substrato da ascensão do "palhaço" na cidade onde constrói o seu lugar e a sua "casa". A "verdade", por assim dizer, tal como o expressei no texto escrito: a "verdade, percurso sólido entre margens curiosas. Aptos aos gestos e à graciosidade do conhecimento, há-que construir sua casa". Mas aquela "casa" também ela espiritual, com apelidos espirituais, tal como no texto ensaístico onde a casa é "linda, luz indelével. *Niklots* e *Nebajoy* contra *Mariba"*.

O quarto dos conceitos "movimentos metáfora de uma das origens da construção da palavra" denomina-se de "Consciência" e relaciona-se com a pintura denominada de "O Planalto". Trata-se de uma pintura a acrílico sobre madeira com apontamentos de arte plástica. Sobre o quadro está colocado um pequeno bocado de árvore de carvalho assinalando a unicidade do quadro, ou seja, a consciência. No centro do quadro existe um orifício propositadamente trabalhado para assinalar o "Planalto", ou seja, um lugar, centrado a meio do quadro. Diagonalmente podemos visionar dois enormes traçados a azul escuro que cruzam o quadro de alto a baixo. Trata-se de uma evidente conotação ao homem vitruviano apreendido por Leonardo Da Vinci onde o umbigo permanece imóvel, tal como o "umbigo" escavado no centro do quadro que centra a figura e fornece-lhe equilíbrio e consciência. Para além da homenagem à obra de Leonardo Da Vinci, no quadro encontram-se sete pregos de cobre que assinalam o número sete, o número do Homem. E isto é significativo, pois que o quadro todo ele é uma homenagem ao Homem e à Consciência de Si Mesmo.

O grande azul do quadro representa a força da consciência, o azul do mar e o azul do céu, tal como o reflecti no texto ensaístico denominado de "O Quarto Movimento – A Consciência", "Porquê empurrar se o que queres arrastar não pode ser movido? A Consciência do Erro faz-te temer errar. A Consciência do Amar, faz-te amar". E também o azul da *Palavra* e do silêncio, sim, porque a *Palavra* e o silêncio também têm cor, tal como o descrevi no texto em jeito de conclusão: "Entre a Palavra e o Silêncio existe um quase nada de quase Tudo".

O quinto dos conceitos "movimentos metáfora de uma das origens da construção da palavra" denomina-se de "Conhecimento" e relaciona-se com a pintura denominada de "Hércules". Trata-se de um quadro de cerca de um metro de largura e altura, pintado a acrílico onde se visiona a força da união, da motivação, da estabilidade emocional e da perseverança. O conhecimento tem por base a motivação para conhecer, a perseverança para o obter e a estabilidade emocional para o compreender. Tal como o escrevi no texto ensaístico denominado de "O Quinto Movimento - O Conhecimento", o "que está disperso Reúno no Dever, num permanente desejo de Verdade, aspiro ao Conhecimento". No quadro podemos visionar vários "X" sob um enorme movimento de cor como se de uma assinalável força interior se tratasse. Hércules – a força físico-motora mas tal-qualmente a força mental e emocional. Aquela capaz de se elevar onde os outros não conseguem. Assim como no texto ensaístico "Eu que me elevo, encontro o caminho". Igualmente no quadro existe as palavras do espírito, os nomes, *Tebeht Rada* por exemplo, aquele nome que permanece em "ardor e zelo"

– aquele nome que sussurrado transforma alguma coisa, imprime força, perseverança, motivação e vontade. Tal como Hércules que era impelido a demonstrar a sua força, como se de uma tensão se tratasse, assim no texto ensaístico aquela tensão a senti "no meu Coração" e se a caridade se extinguiu e a força de Hércules predominou será porque a esperança tomou conta daquela força tal como no texto: "a Esperança iluminará o meu Coração e com ela a Caridade restaurar-se-á. *Igne Natura Renovatorum Integra"*.

O sexto dos conceitos "movimentos metáfora de uma das origens da construção da palavra" denomina-se de "Escolha" e relaciona-se com a pintura denominada de "O Argumento". Trata-se de uma pintura igualmente de significante volumetria – cerca de metro e meio de altura. Acrílico sobre madeira. Três semelhantes figuras (a que também as poderíamos apelidar de "Finita Trindade") emanam do quadro em tons de vermelho, negro e azul com apontamentos circulares de amarelo, negro e dourado. A pintura imprime equilíbrio e simetria. Imprime-nos a possibilidade de escolha – ou estamos no vermelho, ou no negro ou no azul. Todas as figuras representam argumentos. Uma figura, um argumento. E essa possibilidade de escolha reside no homem.

Tal como o registei no texto ensaístico denominado de "O Sexto Movimento – A Escolha," o homem "formado e com vida foi colocado a Oriente, num Jardim" e nesse jardim foi "colocada a Árvore da Vida, no Meio, e a Oriente, entre as árvores da Ciência do Bem e do Mal". Assim como as três figuras de argumento emergem da pintura, assim no texto ensaístico surgem as árvores do bem e do mal, "Das Árvores da Dualidade, do Bem e do Mal não deves alimentar-te, porque se o fizeres conhecerás a Finita Trindade".

E por fim, foi feita uma escolha a que podemos apelidar de "a escolha da Humanidade" na qual o "pecado" dominou e o caminho da Humanidade foi escolhido: "O pecado dominou *Caim* e não *Abel*, *Abel* morreu e *Caim* não, por sete vezes o pecado terá replicado até que a morte o tome e não a *Lamec*".

O sétimo dos conceitos "movimentos metáfora de uma das origens da construção da palavra" denomina-se de "Sabedoria" e relaciona-se com a pintura denominada de "A Máscara". É uma pintura em acrílico sobre tela onde se visiona um enorme rosto oculto, uma enorme máscara. Aquele rosto na diagonal assume o movimento, uma deslocação quase que a fotografar-nos sempre que o miramos de frente. É requerida sabedoria para conhecer o que está por detrás do rosto, da máscara. Apenas a sabedoria nos dá essa capacidade, esse conhecimento. O conhecimento de nós mesmos. O aforismo Grego, conhece-te a ti mesmo – a grande máxima de Delfos. A máscara não é o que está por detrás dela e também não é ela mesma – a máscara. A máscara carece de vida e a vida pertence a quem está por detrás da máscara em que somente a sabedoria permite atingir o verdadeiro conhecimento. Apenas esta nos dá uma nova vida metaforicamente conotada com a "Arca da Aliança" e com a *Palavra* representada. E tal como no texto ensaístico denominado de "O Sétimo Movimento - A Sabedoria", a "Arca Construída abrigaria a Aliança (...). Os mais puros em Culto e na Dualidade tudo novamente assentou sob uma Nova Aliança em Arco na Iris da Palavra representada".

Por fim, o oitavo dos conceitos "movimentos metáfora de uma das origens da construção da palavra" denomina-se de "Silêncio" e relaciona-se com a pintura denominada de "O esférico no Abismo". Trata-se de uma pintura igualmente a acrílico onde se visiona no centro o planeta terra envolto, primeiramente, num anel de uma incomensurável matéria negra e posteriormente num maior anel de matéria branca. No centro, o planeta terra. "O esférico no Abismo" é uma pintura do silêncio, do involuntário, onde o som produzido pelos movimentos da terra é silenciado pela matéria negra que a envolve. Uma homenagem à Criação e ao milagre da Vida. Trata-se de um quadro de dimensões mais reduzidas que os anteriores. E tal como revelado no texto ensaístico denominado de "O Oitavo Movimento - O "Silêncio" cria "num dever em ofício espontâneo à Consciência num único mandamento "Sob a Palavra, vista a imagem, transmite-lhe o significado". Se a dúvida se coloca quanto à Criação, igualmente se coloca quanto à Vida – "É um milagre sempre que acordo. E se não acordar, deixará de o Ser?".

E assim, este movimento do silêncio completa os restantes sete movimentos que o precederam – um movimento da Consciência, da Criação e da Vida que apenas com o Silêncio o podemos humildemente apreender.

O Primeiro Movimento

A Humanidade

A luz separada

das trevas

é luz divina!

É dia e noite

de onde surge

a tarde

e a manhã

do primeiro

movimento

da *Palavra*.

As águas

separadas

pela

terra firme,

pois

só separadas

se distinguem

de cima,

do firmamento,

de onde

surge

a tarde

e a manhã

do segundo

movimento

da *Palavra*.

Da separação

das águas,

chega

a terra,

dualidade

essencial

à vida:
terra e mar.

Da terra
surge o verde,
a cor da vida,
de onde
surge a tarde
e a manhã
do terceiro
movimento
da *Palavra*.

Sinais no céu
surgem
para dar
lugar
às Estações
e
Momentos

da Vida
que
iluminam
a Terra.

Do luzeiro,
Sol, o dia impera,
do luzeiro,
Lua, a noite aparece.

As estrelas
surgem
em cor
e iluminação.

Regem
dia e noite,
luz e trevas,
de onde surge

a tarde
e a manhã
do quarto
movimento
da *Palavra*.

Terra e mar
inundados
foram
de Vida
Criada,
multiplicada em espécie
e propósito,
de onde surge
a tarde
e a manhã
do quinto
movimento
da *Palavra*.

Que se dê

a reprodução.

Que se construa

o homem

à imagem

do Criador,

à sua

semelhança

para que

domine

terra e mar.

Que criada

a Dualidade,

a sua

multiplicação

surja

e domine

terra e mar,

de onde surge

a tarde

e a manhã

do sexto

movimento

da *Palavra*.

Terminada

a Obra

Céus

e Terra

que se descanse,

medite

e contemple

os Movimentos

da *Palavra*.

E somente

se fará

nova

Palavra

quando

esta pereça

ou

pereça

a sua semelhança

e imagem.

O Mito

O Segundo Movimento

A Complexidade

Mais alto
aquela
que surge,
diz-se
perdida.

Nessa busca,
a Morte
despertou
inquieta,
mais que
nunca,
Marih,
o nome.

Água,

Oceano,

sal e mãos.

Enxofre e terra

Salomon e *Marih*,

os Nomes.

Em cima,

em baixo,

Marih deu lugar

castigo confesso,

quatro

por três vezes.

Símbolo criado,

unidade remida.

Sete mais leves,

buscam

a construção.

Marih

surge ao

Centro.

Marihnoda

é chamada.

Seis

Auxiliam-na.

A Chave

que os une

mistifica o

possuidor

Marih…

A recta passou

conhecida

no seu

Todo.
O Olhar
que fixou
o passado
de pouco
valeu.

Procuro
a Verdade
e a *Palavra*
que fala e me diz
quem sou.

Procuro
a *Palavra*
e a Verdade
que me diz
para onde vou.

Procuro

o Amanhecer

e a Luz

que desponta.

Procuro a Regra

e a Excepção

que ela comporta.

Procuro de Onde vim.

É meu dever

Conhecer

e minha

Necessidade empreender.

Procuro a Evolução,

a laringe descida e a nova localização,

que produziu

a Primeira Complexidade

do Pensamento. A Linguagem.

Revelação

O Terceiro Movimento

A Curiosidade

De uma cor

à outra,

uma miríade

de outros tons

se Elevam.

Um Círculo

se forma

em tom

sustenido

num perfeito

Silêncio.

Conhece o Círculo

e na sua

Quadratura

cria

Arte

e Vida.

A verdade,

percurso

sólido

entre margens

curiosas.

Aptos aos gestos e

à graciosidade

do conhecimento,

há-que construir

sua casa.

Eu

que me

temo

mais que

o Eu

que desconheço

e aquele

Outro Eu

que faço

a Imperfeita Vontade

do meu Espírito.

Só sentindo,

sinto que

posso sentir

Verdadeiramente.

Em Consciência

grito de

Um a

Nove.

Ajo

e recompenso

no Zelo

e Fidelidade.

Ergo

paredes

ciente

do que

resguardo.

Em coisas

que me servem

a mim e aos outros

cooperando

vida e alma.

Casa linda, luz indelével.

Niklots

e

Nebajoy

Contra

Mariba.

O Palhaço

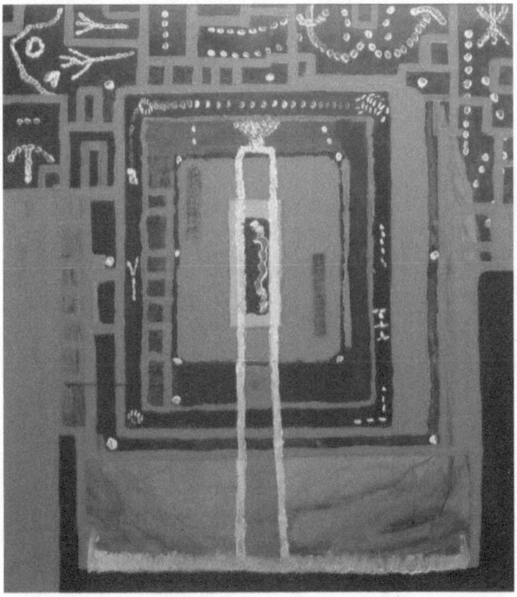

O Quarto Movimento

A Consciência

Porquê empurrar
se o que
queres arrastar
não pode
ser movido?

A Consciência
do Erro
faz-te temer
errar.

A Consciência do Amar,
faz-te amar.

Bem dentro
de mim,
entre órgãos e
sangue,
existe uma
Alma
que guardo
como a minha
Consciência,
para que
um Dia,
o corpo
pereça
e fique
apenas ela
sem a Minha
Presença.

O fogo
ensina-me
a dúvida
das formas.

O retrato
duvidoso
que bonito
é.

Nada carrego,
porque
não quero.

Deixei lá tudo
o que devia.
Quis
em segredo
trazer,

mas nem isso

a minha

Alma

mo permitia.

Entre a Palavra e o Silêncio

existe

um quase nada

de quase

Tudo.

O Planalto

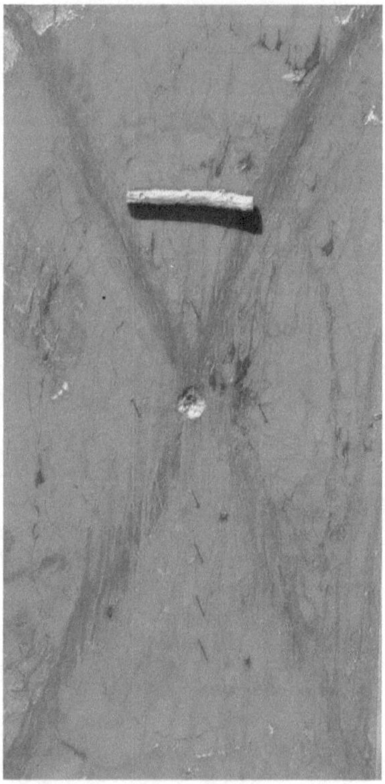

O Quinto Movimento

O Conhecimento

O que está

disperso

Reúno no

Dever,

num permanente

desejo de

Verdade,

aspiro ao

Conhecimento.

Eu que me elevo,

encontro

o caminho.

Fi-lo com Fé,

Caridade

e Esperança.

O Amor

guiou-me

do ódio à Beleza,

do orgulho à Divindade,

da discórdia à Sabedoria,

do poder à Honra,

da glória à Força.

Nodabba mulubing,

encontro perfeito,

mão em mão,

da esquerda pra direita.

Os tempos

aproximam-se,

há tudo pra fazer,

somente no

Interior

me devo

Agitar.

O tempo

terminou,

no exterior.

Há-que

permanecer.

Tebeht Rada,

em ardor

e zelo.

O caminho

é retomado,

a coberto.

Esta tensão

que sinto

no meu

Coração,

impele-me

na Esperança

de ir mais além

na luz que ilumina

o Espírito.

Dou de mim por Caridade,

como parte integrante

de algo em amor,

na Criação

que se vai construindo.

Se a Caridade

se extinguiu, a Esperança

iluminará o meu Coração

e com ela

a Caridade

restaurar-se-á.

Igne Natura Renovatorum Integra.

Hércules

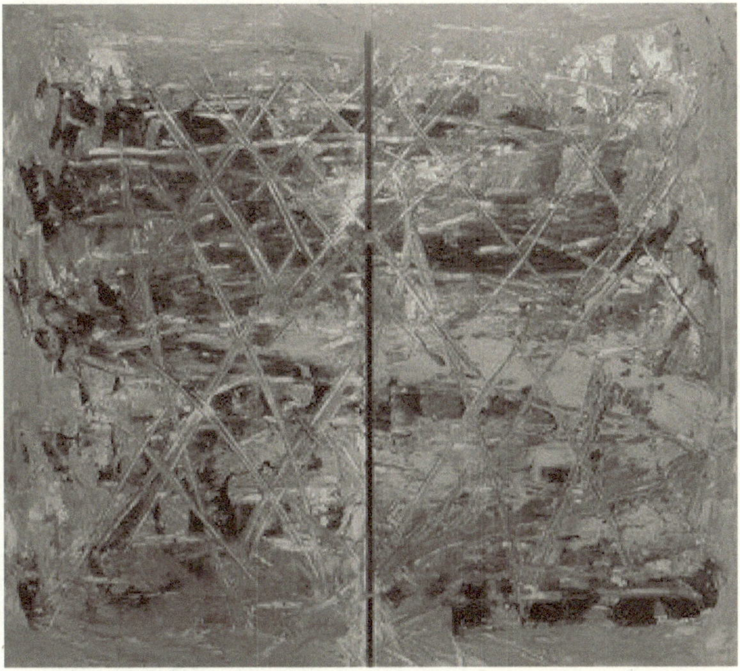

O Sexto Movimento

A Escolha

Do pó da terra,

diz-se

foi o homem formado,

já corpo,

foi-lhe

dada a vida.

O homem formado

e com vida

foi colocado

a Oriente,

num Jardim.

Colocada a Árvore

da Vida,

no Meio,

e a Oriente,

entre as árvores

da Ciência do Bem

e do Mal.

A Água aproximou-se

do Oriente

em Quatro Braços,

Pison,

rio do ouro,

Gheon,

rio da fertilidade,

Tigre,

rio que corre de longe e une dois povos,

Eufrates,

o nome a oriente.

O Oriente

foi dado ao homem

para que nele Medite,

se Desenvolva
e o guarde
como Seu.

Das Árvores da Dualidade,
do Bem e do Mal
não deves alimentar-te,
porque se o fizeres
conhecerás a Finita Trindade.

A auxiliar
se lhe juntou
à sua semelhança,
apelidando toda a criação
como sua,
nomeando-a
e distinguindo-a.

Do homem
expulso a Oriente,

foi guardada

a Fonte da Vida.

O pecado dominou

Caim e não *Abel*,

Abel morreu

e *Caim* não,

por sete vezes

o pecado

terá replicado

até que a morte

o tome e não

a *Lamec*.

O Argumento

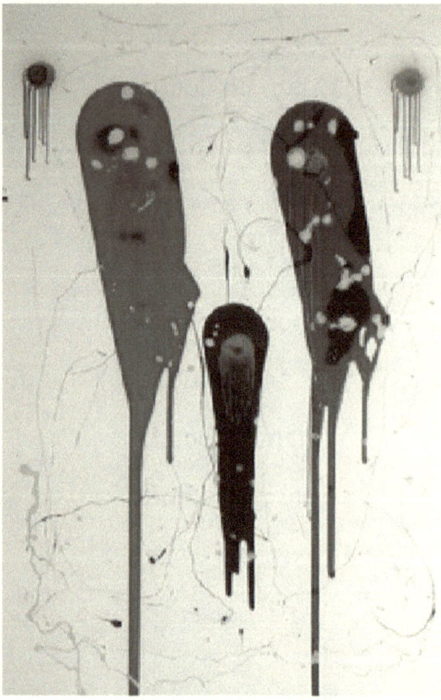

O Sétimo Movimento

A Sabedoria

O arrependimento

chegou com

os males

do homem

e assim se

pôs fim

à Criação.

A Arca Construída

abrigaria

a Aliança.

Pureza

e Impureza

juntas

em Número

desigual de Sete

para Um,

pelo seu significado.

Os mais puros

em Culto

e na Dualidade

tudo

novamente

assentou

sob uma Nova

Aliança

em Arco

na Iris

da *Palavra*

representada.

A Máscara

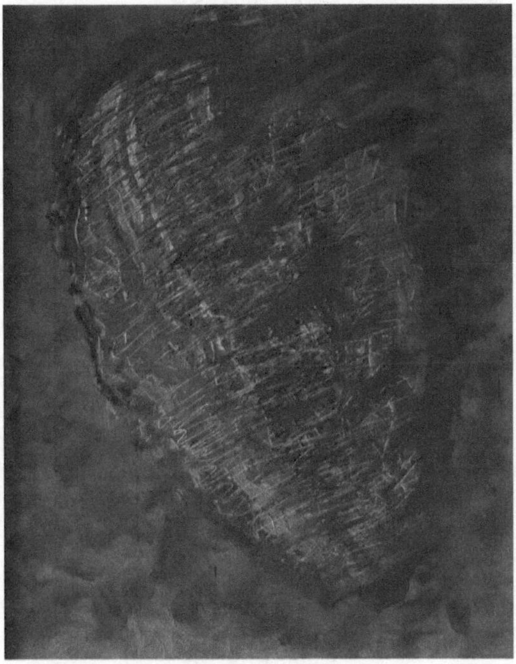

O Oitavo Movimento

O Silêncio

Cria
num dever
em ofício
espontâneo
à Consciência
num único
mandamento
"Sob a Palavra,
vista a imagem,
transmite-lhe
o significado"
Viver
exceciona
a Regra.

A extinção

confirma

a Existência.

A *Palavra*

consome-se

no Silêncio.

O Silêncio

adorna

a *Palavra*.

Qual o sentido da recta?

A direito.

Qual o sentido da retidão?

Para cima.

A experiência

que se junta

ao ponto
é parágrafo
que se extinguiu
no presente,
álea do passado,
sintoma do futuro.
Uma parede
erguida
delimita o espaço
e esconde
algo,
como um
pequeno segredo
que
algo esconde,
por pouco que seja.
Se o homem
não fosse
imperfeito
não teria

escolhido matar,

e se matar

não fosse

a consequência,

a imperfeição

não seria a causa.

É um milagre

sempre

que acordo.

E

se não acordar,

deixará

de o Ser?

O Esférico no Abismo

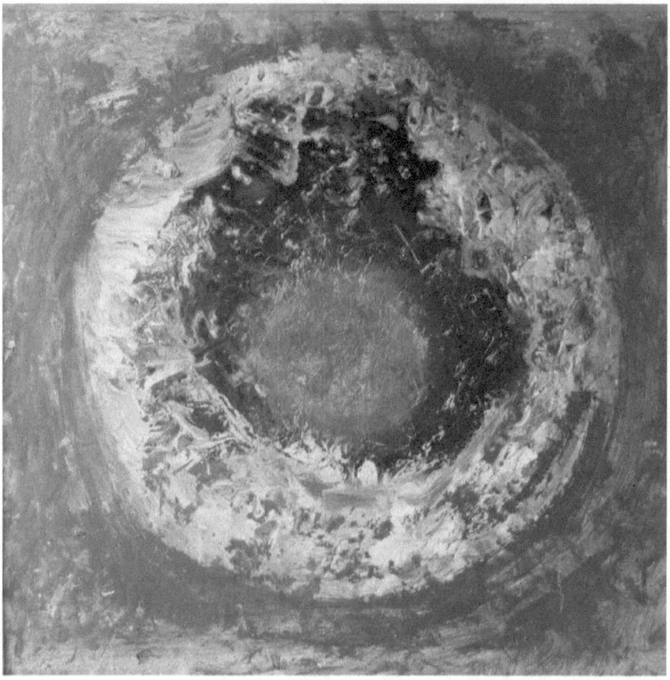

O autor

Fernando Messias

Fernando Brás Messias nasceu em Lisboa. Desde muito jovem a curiosidade intelectual conduziu-o a exilar-se nos livros. Na adolescência devotou-se a ler os grandes clássicos da literatura mundial e nacional, detendo-se particularmente na vida e obra de Fernando Pessoa, na filosofia, pintura e música. Como em qualquer outro adolescente, a percepção de si mesmo levava-o à busca da experiência do conhecimento e do exercício criativo da criação de mundos. Na percepção daquele tempo de adolescente, o mundo pertencia-lhe, como o pertenceria a qualquer adolescente. A assim, começou a acumular instrumentos, emoções e algum saber que o permitiram procurar compreender o mundo e os outros através da criação dos seus mundos e da experiência sentida da música, da literatura e da pintura.

Para além da sua intensa actividade profissional, Fernando Messias tem mantido ao longo da vida uma relação de proximidade com os mundos da arte, do saber e da ciência. Profissionalmente é licenciado em direito, é advogado, mediador, árbitro, pós-graduado em Economia Regional e Desenvolvimento Local, pós graduado em Direito do Ordenamento do Território, do Urbanismo e do Turismo, diplomado em Estudos Avançados em Turismo, diplomado em Arbitragem Internacional, mestrado em Direito do Comércio Internacional com mérito, consultor jurídico, investigador, doutorado em Turismo (Ph.D) com a tese de doutoramento intitulada "Liderança e bem-estar: o caso da hotelaria de cinco estrelas no Algarve" e Pós-doutorando (PostDoc) em Psicologia.

Possui ainda diversas pós-graduações e é facilitador em resolução criativa de problemas organizacionais (*Certified Basadur Facilitator – Simplexity System*).

Pelo seu extenso currículo profissional percebe-se a intensidade com que vive o mundo ou melhor, os mundos que foi criando na sua vida.

A criteriosa gestão do tempo e a interiorização de que a vida humana tem um limite definido no tempo têm sido os pilares de progresso na sua vida. Por outro lado, o profundo respeito e admiração que nutre pelas pessoas, pela natureza, pela vida e por Deus, leva-o a acreditar que a nossa vida foi prematuramente definida por uma entidade superior a nós e que pela qual devemos o nosso mais humilde e sincero respeito. Ciência, fé e espiritualidade têm sido os caminhos que o têm levado ao conhecimento do mundo e à criação de mais e perpétuos mundos.

E até hoje esta tem sido a pessoa que, multifacetadamente, tem vivido e experienciado a vida com os olhos de quem explora e cria mundos.

O autor

Amadeu Sousa

Amadeu Cardoso de Sousa nasceu no Barreiro. A sua família emigrou para o Canadá quando ele ainda tinha quatro anos, e foi lá onde passou os seus primeiros anos de formação, assimilando uma nova cultura na cidade de Toronto. Uma cidade vibrante, cheia de optimismo e oportunidade, muito em sintonia com um país jovem que é o Canadá. Esta experiência deu-lhe a oportunidade e a identidade atribuída a todos os imigrantes, de ser bi-cultural; ou seja, perfeitamente confortável, como no seu caso, em identificar-se como Canadense ou Português. Esta concomitante experiência apresenta-se como o substrato para a sua autodefinição. Para ele, ambos coexistem em harmonia.

Desde muito cedo, descobriu o seu dom para o desenho, que foi evoluindo e desenvolvendo ao longo de sua vida, influenciando a sua imaginação, e dando-lhe a paixão pela expressão artística. Vê o mundo e admira-o com a visão de compartilhar as suas observações, interpretações e expressões artísticas, que constituem também a nossa compreensão colectiva. Sempre demonstrou uma paixão pela música, pintura e, como leitor ávido, pela literatura.

"Os artistas são meios dos quais podemos interpretar a nossa existência, de perspectivas fora do comum, enriquecendo a diversidade da condição humana".

A sua formação profissional é arquitectura, planeamento urbano e design. Estudou na *University of Toronto* e posteriormente na *Ohio State University* onde se formou em Arquitectura. As suas obras são executadas principalmente em óleos e acrílicos sobre tela.

Também escreve poesia, preferindo o estilo "verso livre" devido à espontaneidade que que este estilo apresenta; muitas vezes recorrendo à poesia como a única forma passível para iniciar uma obra artística.

Enquanto a pintura requer um período de gestação, por vezes extenso, desde o conceito inicial até a sua execução e conclusão, a escrita é muito mais imediata e impulsiva, o que ele sente ser a chave para extrair a emoção necessária para invocar algo realmente significativo.

Próxima edição

MESSIAS, F., SOUSA, A. *Encontros de Cor e Palavra – Deambulações Estético-Filosóficas em Arte Visual*. Edição Portuguesa. Allahabad, India: Cyberwit.net.

www.ingramcontent.com/pod-product-compliance
Lightning Source LLC
LaVergne TN
LVHW100635051026
849519LV00001B/227
* 9 7 8 9 3 8 8 3 1 9 1 3 3 *